摩西与一神教
Moses and Monotheism

〔奥〕西格蒙德·弗洛伊德/著

张敦福/译

北京大学出版社
PEKING UNIVERSITY PRESS

目　录

第一篇　摩西,一个埃及人 /1

第二篇　如果摩西是个埃及人 /23

第三篇　摩西,他的人民和一神教 /103

第一篇

摩西,一个埃及人

要使一个民族失去他们引为自豪的最伟大的儿子,并不是件容易接受或草率完成的事,对那些本人就是该民族成员的人来说尤为如此。但是,我们不能容忍那种为了民族利益而把事实抛诸脑后的想法;更重要的是,对事实的清晰表述能够给我们带来知识上的收获。

摩西[1]这个人,这位犹太民族的解放者,这位给犹太人赋予了法律、建立了宗教的伟人,其历史可以追溯到如此遥远的年代,以至于我们难以搞清楚他到底是一个真正的历史人物,还是一个传说中虚构的英雄。如果他确实存在过,他一定生活在公元前13世纪,至多是在公元前14世纪。除了那些关于犹太人的圣书和犹太文字记录中的痕迹外,我们对他一无所知。尽管尚不能最终明确地解答摩西生存状态之谜,但绝大多数历史学家宣称赞同这样一种观点:即摩西确有其人,和他有关的《出埃及记》的故事确实发生过。公正地说,如果不接受上述前提,在此之后以色列人的历史就难以理解。事实上,现代科学在专业领域的精细化和对待历史传说持宽容态度方面,远远比早期的历史批评做得好。

关于摩西这个人物,首先吸引我们的是他的名字,这个名字在希伯来语中是 Mosheh。我们很可能问"它起源于何处?"以及"它的原意如何?"正如我们所知道的,《出埃及记》第二章中已经回答了这个问题。书中告诉我们,一位埃及公主从尼罗河里救出一个婴儿,并给他取了这个名字。书里还为此提出了一个语源学上的解释,也就是说"因为我从河里把他捞上来"。[2]然而,这样的解释显然是站不住脚的。《犹太百科全书》的一位作者论证[3],《圣经》里的这种解释来源于民间语源学,这样的解释与希伯来语的主动形式是不可能一致的,因为Mosheh的意思充其量不过是"打捞东西的男人"。另外,还有两个证据进一步支持这个反对意见:首先,附着在一位埃及公主身上来源于希伯来语的姓名是非常可笑的;其次,婴儿摩西被救出水的地方极有可能不是尼罗河,而是别的什么河。

另一方面,来自各种不同领域里的人们早就怀疑"摩西"这个名字是从埃及词汇中派生出来的。在这里,我不能一一列举所有那些权威人士的观点,我将引用布雷斯特德1934年出版的《良心的曙光》一书中的相关段落。这是一本新近出版的书,而布雷斯特德本人所著的《埃及史》被人们公认为该领域的权威著作。这个段落说:"注意到他的名字是摩西(Moses)这一点极为重要。毫无疑问,埃及词汇中的'Mose'的意思是指'孩子',这也是其他一些名字,如'Amen-mose'(阿蒙摩西,意指阿蒙之子)或'Ptah-mose'(普塔摩西,意指普塔之子)等诸如此类名字的缩略形式。这些名字本身同样很可能是'Amon-(has-given)-a-child'(阿蒙给予的孩子)或'Ptah-(has-given)-a-child'(普塔给予的孩子)这类完整表达的缩略形式。把儿童的名字缩写,很早以前就是把复杂姓名简单化的便捷形式,况且意指'孩童'的Mose在埃及的墓碑上并不罕见。摩西的父亲也会在他儿子的名字前面加上阿蒙或普塔之类埃及神祇的名字,这并不奇怪,只是这一神祇的名字现在已经不再为人们所用了,直到人们索性把这个孩子简单地称为摩西,即'Mose'(该词最后一个s是《旧约全书》的希腊文译本附加上的,并非出自希伯来语,在希伯来语中只有Mosheh)"。[4]我在这里逐字逐句地重述这段文字,决不意味着要对它的所有细节负责。同样令我感到有些吃惊的是,布雷斯特德在列举这些相关的名字时,竟没有准确地提到埃及帝王名册中冠以类似神祇的情况,如阿-摩西(Ah-mose)、索斯-摩西(Thoth-mose)和赖-摩西

(Ra-mose)。

我们早就应当期望,一个和许多人一样认为"摩西"是一个埃及人名字的人同样已经得出这样一个结论,或者至少考虑这种可能性,即,有这种埃及名字的人本身肯定是埃及人。如果和现代人的名字联系起来,我们同样也毫不犹豫地得出上述结论。尽管现代人的名字不只是由一部分组成——通常包括姓和名两部分。尽管有的人在新的情景下会改名换姓或借用一个类似的名字(这种情况并非没有可能),我们依然可以从姓名上判别某个人的国籍和身份。因而,如果根据他们的名字来判断,当下列发现得到证实后我们丝毫不觉得惊奇:诗人沙米索(Chamisso)[5]本是法国人,拿破仑·波拿巴(Napoleon Buonaparte)具有意大利血统,而本杰明·迪斯雷利(Benjamin Disraeli)实际上是意大利犹太人。人们会以为,在远古时代和人类早期,根据一个人的名字来推测他的国籍所得到的诸如此类的结论似乎相当可靠,而且事实上也容易进行。然而,就我所知,却没有任何历史学家对摩西其人做过类似的推断,甚至连布雷斯特德那样宁愿假定摩西其人"通晓埃及人的所有智慧"的人,也没有得到过这样的论断。[6]

对于是什么原因阻止他们这样做这个问题,我们无法以想当然的态度搁置起来。很可能是出于他们对《圣经》传说的敬畏之情过于沉重。也许是这样一种观念作祟,即不把摩西这样的伟人想象成希伯来人就是荒诞不经的。不管怎么说,在鉴别摩西身世这一问题上,关于摩西这个名字是出自埃及语,还没有人提供更加明确无误的证据,也没有能够从中得出更进一步的结论。如果人们认为摩西国籍归属的问题很重要,就一定会渴望寻求新的材料来解答这个问题。

这正是我这篇小小论文的目的所在。它在《意象》杂志里占有一席之地,是依据这样一种事实,即它对精神分析理论的应用做出了自己的贡献。用这样的方式得出的论断毫无疑问只能打动那些熟悉精神分析思维过程的人以及那些赏识精神分析发现的少数读者。我希望,本文对他们来说将显得有些意义。

1909年,当时仍在我影响之下的奥托·兰克(Otto Rank)在我的建议下出版了一本题为《英雄诞生的神话》的书。[7]

该书探讨以下事实:"几乎所有杰出的文明民族……在早期阶段总是在诗歌、神话和传奇故事中颂扬他们的英雄,这些民族英雄包括传奇故事里的国王和王子,宗教、王朝、帝国和城市的创立者。尽管这些故事和传说出自绝少联系、甚至在地理上都相距遥远的不同民族,关于这些人物的诞生以及他们的早期生活史却都特别富有幻想色彩,呈现出许多极其相似的特征,其中有些惊人的相似和字面上的一致性尤其值得注意。这些事实众所周知,并且已经给众多研究者留下了深刻的印象。"依据兰克的这种说法,我们[用一种类似于高尔顿

(Galton)的技巧[8]]就可以构想出一个"一般的、平均状态的传奇",概括出所有这些传奇、神话和故事的基本特征并使之凸现出来,那么,我们就可以看到这样一幅图景:

"主人公是最有权势的贵族父母的孩子:通常是某个国王的儿子。

"还在母腹中的时候他就饱尝艰辛,例如母亲节制饮食或难产;或者,由于某些禁令和外界障碍,他的父母不得不背着人偷偷地保持性关系。在怀孕期间或者更早,通常有一个预言(通过梦境或神谕的形式)传达过来,对他的出世提出警告:他的出生会威胁到他父亲的安危。

"结果,这个新生儿在茶馆内被他的父亲或父亲的代言人下令处死或者置之绝境,通常装在一只小箱子里扔到河里去。

"随后,他被某个野兽或出身卑微的人(如牧羊人)救活,并由母兽或者地位微贱的妇女哺育。

"长大成人之后,经过极其复杂曲折的经历,他找到了他那出身高贵的双亲。他一方面向父亲施行报复,另一方面获得人民的认可和景仰,赢得了伟大和声誉。"

这类英雄诞生神话中最古老的人物要算阿卡得的萨尔贡(Sargon of Agade),他是巴比伦的创立者(公元前2800年)。对我们来说,尤其有兴味的是他本人对此所做的说明:

"我是全能的国王萨尔贡,阿卡得的主人。我的母亲是个女祭司,我对我的父亲一无所知,而我的叔父居住在山里。我的城市阿苏比兰尼位于幼发拉底河畔,我的母亲,即那位女祭司,在这座城市怀上了我。她秘密地把我生下,把我放在芦苇箱里,用沥青把出口封好,然后把我放进河里,结果却没有把我淹死。河水把我带到阿克那里,阿克是个提水人。提水人阿克出于善心把我从水里救出来,并像对待自己的亲生儿子一样把我抚养成人。阿克把我培养成他的花匠。我当花匠的时候,女神伊斯塔喜欢上了我,我成了国王,执掌王权达45年。"

从阿卡得的萨尔贡开始的一系列神奇故事中,我们最熟悉的名字包括摩西、赛勒斯和罗米拉斯。但是,除此之外,兰克还把诗歌或传奇故事里的所有其他英雄人物汇集在一起,这些人物在幼年有着相似的经历,无论是从故事整体还是从一些明显的片段都能够容易地辨别出来。这些人物包括俄狄浦斯、卡纳、帕里斯、忒勒福斯、珀尔修斯、赫拉克勒斯、杰尔加麦斯、阿菲翁和塞鲁斯等人。[9]

兰克的研究使我们得以熟悉这类神话的来源和目的。这里,我只是简单地提到它们并加上一些简短的说明。所谓英雄,就是有勇气反抗他的父亲并最终取胜的人。这类神话把这种斗争追溯到这位英雄的史前期,以表明他是违背了父亲的愿望而生,为逃避父亲的歹毒企图而获救。被遗弃在箱子中的婴儿显然是生育的象征,箱子代表子宫,而河水则是羊水。在无数的睡梦中,亲子关系通过溺水被救而表现出来。[10]当一个民族的想象力把我们所探讨的诞生神话和一个杰出的人物联系起来时,就表明该民族以这种方式承认了他的英雄称号,他本人的生平也就代表了这类英雄史诗的一般模式。然而,事实上,这类神话故事来自所谓的"家庭浪漫史",儿子以富有情绪化的色彩针对与其双亲尤其是父亲感情关系的变化做出反应。[11]儿子最早期的生活经历,为对父亲的极度崇拜所占据;和这一情景一致,睡梦中或神话故事里的国王和王后则分别代表了父亲和母亲。后来,在反抗情绪和对真实生活失望的影响下,儿子离开他的父母,并对父亲采取了一种批判和挑剔的态度。这样一来,神话中两种类型的家庭——贵族家庭和卑微家庭——都是这个孩子家庭的反映,并在以后的生活经历中断断续续地表现出来。

我们可以公正地说,上述短评使广为流传的英雄诞生的神话的一致性得到了更为合理、全面的解释。有关摩西降生和被遗弃的神话却不具备这种一致性,而且在主要的方面和其他同类故事相左。基于这个理由,摩西的案例更加引起人们的兴趣,并占据特殊的地位。

让我们从这两个家庭开始。按照传奇中的描述,这位儿童的命运正在这两个家庭中得以展现。就我们所知,按照精神分析的解释,家庭是惟一的、不变的,只是由于年代变化而有所区别。在这类神话传说的典型形式中,第一个家庭,即儿童投生的家庭是贵族家庭,通常是权位显赫的皇室家族;第二个家庭,即抚育儿童长大成人的家庭,通常是地位卑微或者遭遇灾难、不幸没落的家庭。这也符合某些情景(《家庭浪漫史》的情况),对这些传说的追根溯源往往找到那里。只是在俄狄浦斯的传说中混淆了这两种差别:被某个皇室遗弃的孩子却被另一个皇室所接受。人们感到决非偶然的是,在上述例子里,两个家庭的一致性只有在这个传奇本身中才得到模糊的理解。正如我们所知道的那样,这两个家庭背景的悬殊差异是为了强调某个伟大人物的英雄本性而设计的。当附着于某个历史人物时,它的第二个功能就显得尤其重要。因为神话也可以用来为英雄创造一种高贵的品质,以提高他的社会地位。对米底亚人而言,塞鲁斯本来是个外来征服者,但借助于被遗弃的神话,他却成了米底亚国王的孙子。这同样适用于罗米拉斯。假如真有罗米拉斯其人其事,那他一定是一个来历不明的冒险家和暴发户,但是,神话传说却把他变成了阿尔巴·隆加皇室的后裔和继承人。

摩西的情景却大为不同。在这个案例中,他的第一个家庭尽管地位尊贵,与上述几例相比,却显得逊色。因为他是犹太族利未部落的后代。本该地位卑微的第二个家庭,却由埃及的皇室取而代之:埃及公主把他抚养成人,视同己出。这种对常规模式的偏离令很多人迷惑不解。爱德华·迈耶[12]及其追随者相信,这个故事原本不是这个样子。按照他们的说法,法老曾经在一个预言梦中得到警告[13],告知他女儿生的一个儿子将对他和他的王国带来危险。因此,他将出生的孩子遗弃在尼罗河。但孩子却被犹太人拯救下来,并当成自己的孩子抚养成人。出于"民族主义的动机"(如兰克所说[14])这个传说才变成了我们现在所知道的样子。

只要稍加思索就会明白,和其他神话模式并无二致的摩西神话的原本形式并没有得以保存下来。它既可能出自埃及人手中,也可能是犹太人的发明创造。第一种可能可以排除掉,因为埃及人没有理由颂扬摩西、荣耀摩西,摩西对他们来说根本就不是什么英雄。这样我们很容易设想,这个传奇故事产生于犹太人当中。也就是说,它以人们所熟悉的形式(即关于出生的典型传说)把这个故事附着在他们的领袖人物身上。但是,就此目的而言是完全不合时宜的,因为如果一个民族的传说把他们的伟人说成是一个外族人,这对他们又有什么用呢?岂不是违背初衷吗?

就我们所知道的而言,摩西传说的现代形式显然没有什么不可告人的用意。如果摩西不是出生在皇室贵族之家,传说就不会把他塑造成英雄;如果把他处理成犹太人的子孙,又无法提高他的社会地位。整个神话故事中只有一小部分有用:这个孩子在强大的外部力量面前没有慑服,而是坚强地生存下来(这一特征在耶稣童年的经历中一再出现,只不过是故事里海罗德国王扮演了法老的角色)。因此,我们其实可以自由地假设,后来的采用者对这个传说做了笨拙的篡改,他们发现有机可乘,就在关于英雄摩西的故事里引入了和古典的遗弃传奇故事相像的东西,结果却由于背景特殊而显得不合情理,不适用于摩西。

我们的研究可能就此告终,留给我们的是尚不足以称其为结论、难以确证的东西。在帮助我们搞清摩西是否埃及人方面,这很难说有什么裨益。不过,还有另外一个或许更有希望的研究方法可以用来进一步评判一下这个关于弃婴的传说。

让我们还是再回到神话中的两个家庭中去。正如我们所知,在分析理解的层面上,这两个家庭是同一的;但在神话的层面上,他们是相互区别的,一个是贵族,一个是平民。然而,神话中的人物是一个真实的历史存在。其中一个家庭真正存在,传说中的那个人(即那位伟人)确实是出生过并被这个家庭养大成人;另外那个家庭则是虚构的,是出于神话本身的某些用意人为设计的。一般来说,地位卑贱的家庭是真实的,而权位显赫的家庭是假造的。就摩西的案例来看,情景却有些不同。正是在这里,新的研究思路有可能澄清许多事实,比如:在任何一种可以检验的情况下,第一个家庭,也就是把婴儿遗弃的家庭,是虚构出来的;而第二个家庭,即收留摩西并把他养大的家庭则是真实存在的。假若我们有勇气承认这个主张的普遍真实性,并且把他应用到所有关于摩西的传说中,那么我们就会很快看清真相:摩西是个埃及人——很可能出生于一个贵族之家——传说中却把他变成了一个犹太人。这就是我们的结论!摩西被抛弃到河里,可能确有其事,但是,为了服从于新的意图,被遗弃的目的在某种程度上被粗暴地歪曲了。也就是说,从一种牺牲婴儿的表达方式,变成了一种拯救他的措施。

关于摩西的神话之所以和同类的其他传说故事大异其趣,可以追溯到他个人生活史的独特性中。在通常情况下,总是从一个地位卑贱的布衣崛起成为英雄,而摩西则是从尊贵的地位一落千丈,下降到以色列的后代,并以此为起点。

作为小结,我在这里想表明的是,我们一开始就进行的简短推敲,本来是期望能够找到新的证据,以证明关于摩西是埃及人的假定。我们已经看到,第一个建立在姓名基础之上的证据对许多人尚没有说服力。[15]我们同时还要做好准备,根据对弃婴传说的分析而提出的新论点并不见得更为成功。人们无疑也会反对,有关该传说的形成和变化毕竟太纷繁复杂、太模糊不清,因而也很难证实我们的第一个结论:人们同样也会不满,许多世纪以来持续不断的带有倾向性的修改和补充,一定会阻碍人们揭示这些传说背后真实背景的任何努力。就我个人来说,我并不赞同这种消极态度,但我也不想站在它的对立面反驳它。

可能有人会产生这样的疑问:如果不能达到更明

确、更肯定的结论,你干吗还要把这个问题带给公众呢?我很遗憾地告诉大家,即使我这样做合情合理,我也很难直截了当地给予说明。因为,倘若有人被我这里提出的两个论据所左右,倘若他严肃认真地对待关于摩西是埃及贵族这个假设,那么,一个非常有趣、意味深长的前景就会展现在眼前。我相信,通过一些不太遥远的假设,我们将能够理解促使摩西选择不同寻常道路的动机所在。而且,与此密切相关的是,我们也能够对他赋予犹太民族的法律和宗教的众多独特之处有更好的把握。另外,还能使我们对一神教的起源有个概括性的思考,这种思考的意义绝不可忽视。不过,这些重要的结论不能仅仅从心理学的或然性基础上获得。即便一个人承认摩西是埃及人为事实,并把它当做历史的第一个立足点,他至少还需要第二个坚不可摧的证据捍卫已有的论断,使新出现的可能性不致带来难以招架的批评和谴责,这些批评可能认为这个论断过于脱离现实、异想天开等等。只要提出关于摩西的生平年代和有关他出自埃及的客观证据,或许可以满足这个要求。但是,这样做起来也并不是那么唾手可得。因此,对于摩西是埃及人这个发现的更深远的意义,还是姑且三缄其口为妙。

---

[1][在《圣经》"民数记"中(12,3)就是这样谈论摩西的,本书中也一再出现这个词。这令人想起德文原版的题目,该题目在字面上的意思就是"摩西这个人和一神论宗教"。]——方括号内的注释均为英译本编者注,并非作者原注。下同。

[2][《出埃及记》(2,10)——本译文中所有来自《圣经》的引文均由权威版提供。]

[3]赫利兹(Herlitz)和基尔施纳(Kirschner,1930,4,303)编[这段引文的作者是索洛维奇克(M. Soloweitschik)]。

[4]布雷斯特德(1934,350)。

[5][沙米索(Adelbert von Chamisso,1781—1838),是《妇女的爱情与生活》和《彼德·施来米尔》两书的作者,第一本书

是由舒曼配乐的抒情诗,第二本书讲述了一个出卖自己影子的人的故事。]

[6]尽管人们经常怀疑摩西是埃及人的提法,但始终很少提到他的名字。[弗洛伊德在他的《精神分析导论讲演新篇》(1916—1917),标准版,第十五卷中引用了一个滑稽可笑的故事。——这个脚注首先出现在1919年的版本。1937年在原版的《意象》杂志和1939年的英译本中都未包括在内。引自布雷斯特德的这个短语实际来自圣·斯蒂芬的一次演讲]。

[7]我绝不是想要轻视兰克对这项研究所做的独特贡献的价值。[随后的引文是根据罗宾斯(Robbins)和杰利夫(Jelliffe)的译文编成的,这个译本首次发表于1914年,文中的参考文献也与此有关,只不过出于精确起见作了些微改动。]

[8][弗洛伊德想起了他喜欢提及的高尔顿的"合成照片"。参见弗洛伊德《梦的解析》(1900a,标准版,4,139)。]

[9]卡纳是桑斯克里特的英雄诗史《马哈哈拉塔》中的一位英雄,杰尔加麦斯是一位巴比伦英雄,其他的人都是希腊神话中的人物。]

[10] [比如《梦的解析》(1900a,标准版,5,399—402)。]

[11] [参见弗洛伊德的论文《家庭浪漫史》。该论文最初发表在上面引用过的兰克主编的那本书里。]

[12] 迈耶(1906,46页以下)。

[13] 这在约瑟夫斯的叙述中也提到了。

[14] 兰克(1909,第80页注)。

[15] 因而,爱德华·迈耶(1905,651)写道:"'摩西'这个名字很可能是埃及人,而祭司家族塞罗(Shiloh)中的'平查斯'(Pinchas)这个名字肯定是埃及人的。并不能确切地证实这些家族根源于埃及,但是,他们毫无疑问与埃及有关系。"我们可能会问,到底是一种什么样的联系让我们这样想呢?[迈耶的这篇短文(1905)是另一篇更长的文章(1906)的摘要,在那篇长文中更深入地探讨了这些埃及名字。由此可见,存在两个名叫Pinchas的人(权威的拼写是Phinehas),一个是亚伦(Aaron)的孙子(《出埃及记》,6,25以及《民数记》,25,7),另一个是塞罗的一位牧师,他们都是利未人(Levites)。塞罗是方舟最终到达耶路撒冷之前停泊的一个地方。]

第二篇

如果摩西是个埃及人

在早些时候投给本杂志的一篇文章[1]中,我试图提出一个新的论点,以支持犹太民族的解放者和法律奠基人摩西不是犹太人而是埃及人的假设。人们早就注意到,他的名字来自埃及词汇,但这一事实并没有受到足够的重视。我曾在文中补充说,对与摩西有关的弃婴神话的解释必然导致这样一种推论,即认为他是埃及人,尽管某个民族需要把他塑造成一个犹太人。在文章的结尾,我指出,从摩西是埃及人的假设中可以得出重要而意义深远的发现,但是,我并不准备公开支持这些更深远的意蕴,因为它们是建立在心理学的或然性基础之上的,缺乏任何客观的证据。通过这种方式获得的论点的重要意义越大,人们就越强烈地感觉到把这种观点随意示人的危险性。这就像放在泥腿之上的青铜雕像,没有坚实的基础,随时都会遭到批评。即使是最具诱惑力的可能性,也要注意防止错误的发生;即便所有的相关问题组合编排得像益智拼板图那样丝丝入扣,看不出任何漏洞,我们也必须清醒,可能性并不意味着真理,真理也并不总是可能的。最后,发现自己与固守犹太法典的学究们为伍,满足于卖弄智力游戏,而不管他们的说辞与客观事实相距多远,这并不是件多么令人愉快的事。

这些迟疑对我来说虽然在今天和从前一样沉重,我的各种相互冲突的动机却最终促使我下决心把上篇早期论文的续篇完成。但是,我要重申的是,这个续篇并不是我要做的全部内容,也不是全部内容中最重要的部分。

(一)

按照前文所述,如果摩西是个埃及人,那么,由此假设引申而来的第一个收获就是一个难以解开的新谜。当某个民族或部落[2]准备进行一项宏伟的事业时,可以预料的是,他们成员中至少有一位愿意站出来充当领袖,或者被推举担当这一角色。但是,究竟是什么能够诱使一个身世显赫的埃及人——王子、祭司或者高级官员——自愿充当一群尚未开化的流民的首领,并且同他们一起离开自己的国家呢?这是一个很不容易推断的问题。而且,埃及人妇孺皆知的对外国人的轻蔑,更使得这样一种行动格外不可理解。我完全可以相信,为什么甚至那些认同摩西的名字源自埃及、并且把所有埃及人的智慧归于摩西的历史学家,也不愿意承认摩西显然是埃及人这种可能性。

与前一个难解之谜接踵而来的是第二个难题。我们千万不能忘记摩西不仅仅是居住在埃及的犹太人的政治领袖,同时还是他们的立法者、启蒙者和教育者,他使他们效忠于一种新的宗教,这种宗教直到今天仍然被称为摩西律法。但是,单独一个个体能够创造一种新的宗教吗?当一个人试图影响其他人的宗教信仰时,最自然不过的做法难道不是改变自己的信仰吗?埃及的犹太人当然不会没有某种形式的宗教,如果为他们创立新宗教的摩西是埃及人,"这种新宗教是埃及式的"这样一个猜想自然站得住脚。

但是,通向这种可能性的道路上存在下列障碍:以摩西命名的犹太教与埃及宗教之间存在着极为强烈的对比和反差。犹太教是一种规模庞大、严格正统的一神教;只有一个神,他是惟一的,全能的,无法接近的;人的肉眼无法看到他的容貌,人们不能制作他的肖像,即便是他的名字也不能提及。相反,在埃及宗教中,不同地位和起源的神灵却数不胜数。其中有些是大自然威力的化身,比如天、地、日、月;有些则是抽象的概念,如马特(Ma'at,指真理和正义);或者是漫画中的一个怪物,形状如侏儒般的拜斯(Bes)。但是,他们中的大多数都是当地的神祇,起源于这个国家被划分为许多省份的时期,这些神具有动物的形象,尽管他们还没有完成告别古老的动物图腾的进化,他们和这些动物图腾没有明显的区别,在功能方面的差别也微乎其微。人们毫无顾忌地把他们一视同仁,对他们唱着几乎是同样的颂歌,以至于我们完全没指望把他们分别开来。这些神祇的名字互相搀杂,甚至于一个神的名字成了另一个神的名字的组成部分。比如,在"新王国"最繁盛的时期,底比斯城(Thebes)的主神被称为"阿蒙—赖"(Amen-Re'),这个复合词的第一部分"阿蒙"(Amen)是个长着公羊头的城市之神,而第二部分"赖"(Re')却是北方古老鹰头太阳神的名字。巫术和仪式,符咒和驱邪符在对这些神祇的祭祀中占据着支配地位,犹如它们在埃及人的日常生活中同样地占据着支配地位一样。

这些区别中有一些很容易产生于严谨的一神教和散漫的多神教之间最基本的对立。另外一些区别则显示是由于精神和理智水平[3]的差异造成的,从这方面看,这些宗教中的一种非常接近原始的发展阶段,而另一种则上升到含有高度抽象性的顶峰。或许恰恰由于这两种因素的存在,才使人不时会产生这样一种印象,即摩西的犹太教和埃及的宗教之间的上述对立是人们故意制造并有意强调的。比如,当一种宗教用最严厉的语调谴责巫术和魔法时,巫术和魔法在另一种宗教中则极为盛行。再比如,当埃及人兴致勃勃地用泥土、石头和金属把他们的神祇雕塑出来(在今天,我们的博物馆里拥有太多诸如此类的东西)并具体化到生活的诸多方面时,犹太教却坚决禁止把任何活着的人或想象出来的神祇制作成偶像。

但是,在这两种宗教之间还存在着另外一种对立,我们已经做出的解释对这种对立尚未触及。这种对立是，在古代没有任何一个民族像埃及人那样千方百计地否定死亡、殚精竭虑地使自己的生命在下个世界里永续存在。因此，死亡之神奥西里斯（Osiris）这位另一个世界的统治者，就成了埃及诸神中最无可争议、最负盛名的一个。相反，古老的犹太宗教却完全放弃了不朽的概念，死亡之生命存续的可能性无论在任何地方都没有提到过。这一点是最值得注意的，因为后来的经验业已表明，相信死后的生活恰恰与一神教完全一致。

我们固然希望，关于摩西是埃及人的假说能够在各个方面产生出给人启迪的丰硕成果。然而，我们从这个假说中得出的第一个结论——摩西给犹太人建立的新宗教理应是自己的埃及宗教——已经失去了任何效用，因为我们看清了这两种宗教相互区别乃至恰成鲜明对立的特征。

(二)

埃及宗教史上有一个值得注意的事件,只是近来它才为人所知并得到认可。这个事件向我们展示了另一种可能性:摩西给予他的犹太民族的新宗教很有可能仍然是他自己的宗教——尽管它不是当时奉行的埃及宗教,却是埃及宗教的一种。

在辉煌的第十八王朝,埃及第一次变成一个世界强国,那时候,一位年轻的法老大约在公元前1375年执掌了王位。和他的父亲一样,一开始他就被称为阿蒙诺菲斯四世(Ameno-phis Ⅳ)。但是后来他改了名字,也改变了其他一些重要的方面。这位国王开始强迫他的埃及臣民接受一种新的宗教———一种与数千年的古老传统和他们所熟悉的所有生活习惯截然相反的宗教。就我们所知,这是世界历史上首开先河的尝试。这是一种严格的一神教。相应地,这种努力不可避免地产生了信奉一个神的宗教偏执,产生了信仰上的不宽容。这种信仰在古代是遭到反对的,但从此以后却保持了相当长的历史时期。阿蒙诺菲斯四世于公元前1358年驾崩,他的统治只持续了17年,自此之后不久,这种新的宗教就被废除,这位持异端邪说的国王也逐渐从人们的记忆中被驱逐出去。从他建立的并以他的神命名的新王朝首都的废墟中,从这个首都附近石头坟墓的碑刻中,我们可以获得关于这位国王的有限信息。不管我们对这位独一无二的杰出人物了解多少,他都应当是令人感兴趣的话题。[4]

每个新奇的事物都能够在它之前的时代找到它之所以出现的历史根源和先决条件。埃及的一神教可以比较有把握地追溯到一个相当久远的时期。[5]在古代北方赫利奥波利斯(Heliopolis)的太阳神庙的僧侣中,就曾经出现过好长一段时间要发展一个普遍神并强调其伦理本性的倾向。真理、正义和秩序女神马特,是太阳神赖的女儿。在阿蒙诺菲斯三世(即那位改革者的父亲和前任)统治期间,对太阳神的崇拜就曾经获得过这样一种动力,使得它甚至与长久以来强大无比的底比斯的阿蒙崇拜形成对立。结果,太阳神的一个古老的名号阿顿(Aten)或阿图姆(Atum)重新获致显赫的位置。在阿顿宗教里发生的这些变化中,年轻的国王阿蒙诺菲斯四世发现了一种只需稍加引导即可促成的运动,在这场运动中,他无须充当最初的发动者,只要参与其中、紧紧跟随就可以了。

这个时候,埃及的政治状况已经开始对宗教发生着持久的影响力。由于伟大的征服者图特摩西(Tuthmosis)三世的军事功绩,埃及已经变成一个势力强大的帝国,它的版图范围包括南方的努比亚(Nubia),北方的巴勒斯坦、叙利亚和美索不达米亚的一部分。表现在宗教上,这种帝国主义就是普遍主义和一神教。既然法老的职责已经不仅仅包括埃及,还扩大到了努比亚和叙利亚，因此，神也必须抛却原有的民族局限。正如法老是埃及人所知的世界上的无上主宰一样，埃及也需要新的神明与此保持一致。而且，随着帝国疆域的扩张，埃及自然变得越来越容易接受来自外界的影响：皇室的某些妻室即是亚洲的公主[6]，而且很可能就是这样一个直接诱因，促成了一神教从叙利亚的传入。

阿蒙诺菲斯从来没有否认过自己对古老北方太阳神的崇拜。在石墓中保存下来、很可能是他亲手所写的两首阿顿圣歌中，他称赞太阳是埃及内外一切生命的创造者和保护者。诗歌中狂热的赞美直到几个世纪之后犹太人赞誉上帝雅畏（Yahweh）的诗篇中才重新出现。然而，他并不满足于太阳辐射万物的惊人的科学发现，毫无疑问，他走得更远。他不仅仅把太阳作为一个物质对象来崇拜，而且作为一个神圣的象征来崇拜，而这个神圣象征的能量是以光线表现出来的。[7]

不过，如果我们仅仅把他当做在他之前就已经存在的阿顿宗教的提倡者和追随者,那就对这位国王不太公正。事实上,他的活动和参与极富活力。他引进了一些新的东西,他第一次把一个普遍化的神转变为一神教——一种排除任何别的信仰的宗教。在他写的一篇颂歌中,他明确宣称:"啊,您这惟一的神,除了您之外再也没有别的神灵!"[8]我们一定不能忘记,在评价这种新教义时,仅仅了解其积极的内容是不够的,它的消极的方面也同样重要——即,了解它所放弃的东西和知识。同样地,如果这个教义可以一下子全副武装地出现在人们的生活中,就像雅典娜跳出宙斯的额头一样,这种想法也是错误的。相反,所有迹象表明,在阿蒙诺菲斯统治期间,阿顿教的势力是一点一滴逐渐得到加强的,并由此变得更透明、更持久、更严格、更不容忍异端邪说。很可能,这种发展产生于阿蒙教的祭司们对这位国王的改革的强烈反对。在阿蒙诺菲斯统治的第六年,这种敌对情绪发展到了高峰,致使这位国王更改了他的名字,那个被禁止的阿蒙神的名字曾经是他名字的一部分。而现在,他不再叫"阿蒙诺菲斯"了,而是自称为"埃克赫那顿"(Akhenaten)。[9]他不仅从自己名字中去掉了那个被痛恨的名字,而且还把他从所有的雕刻碑铭中消除——甚至连他的父亲阿蒙诺菲斯三世也不例外。在更名为埃克赫那顿之后不久,他为自己的王朝在尼罗河下游建造了一座新首都,并命名为阿克塔顿(Akhetaten,意为阿顿的地平线),其遗址就是现在人们所熟悉的特尔·埃尔·阿马尔那(Tell el-'Amarna)。[10]

这位国王掀起的最残酷的迫害就是指向阿蒙神,但又并非仅此而已。帝国内的每一个阿蒙神庙都被关闭,敬拜仪式被禁止,神庙的财产被侵占或没收充公。事实上,这位国王越来越狂热,以至于下令清查所有古老的纪念物上的碑铭、题字,把上面有复数的"神"之类的字眼全部抹掉。[11]毫不奇怪,埃克赫那顿所采取的这些措施在受压迫的祭司和心怀不满的人民中间引起了狂热的报复情绪,一旦这位国王驾崩,这些情绪就得以爆发出来。阿顿教并没有很快流行起来,它也许仅仅在国王身边为数有限的人物中间留存。埃克赫那顿的结局掩藏在隐秘之中,犹如雾里看花。我们曾经听到过他家族中几个短命的、影子般的继承人的事。他的女婿图坦卡顿(Tut'ankhaten)已经被迫迁到底比斯,并不得不用阿蒙神的名字取代了自己名字中属于阿顿教的那部分。此后经过了一段时间的混乱,直到公元前1350年,一个名叫哈莱姆哈布(Haremhab)的将军才成功地恢复了秩序。光荣的十八世王朝寿终正寝了。与此同时,这个帝国曾经征服过的努比亚和亚洲也丧失了。在这样一段沉闷低落的时期,古埃及的宗教信仰得以恢复重建。阿顿教被废除,埃克赫那顿的皇家城堡遭到劫掠并被夷为平地,他在人们的记忆中成了一个声名狼藉的罪人。

出于特殊的用意,我们这里要对阿顿教的消极特征多强调几句。首先,一切与神话、法术和魔法有关的事情都被排除在外。[12]其次,重现太阳神的形式不再像过去那样仅仅是一个小金字塔和一只鹰[13],而是一个光芒四射的圆盘,其光芒终结于人类手中。这看起来几乎是很平凡的。尽管阿马尔那时代的艺术非常昌盛,但人们并没有发现关于太阳神的任何其他表现形式——没有关于阿顿的象征物——可以肯定地说,以后再也不会找到了。[14]最后,关于死亡之神奥西里斯和冥界,人们什么也没有说。圣歌和墓碑中都没有保留和记载能够使后人了解到当时与埃及首都关系最密切的事。这样看来,阿顿教与一般流行宗教的对立和差别再清楚不过了。[15]

(三)

现在,我想要大胆地表述这样一个结论:如果摩西是埃及人,并且如果他把自己的宗教传达给了犹太人,这种宗教一定是埃克赫那顿的宗教,即阿顿教。

我已经把犹太教和埃及的流行宗教作了对比,并指出了它们之间的对立。现在,我必须对犹太人的宗教和阿顿教做出对比,以便证明它们有共同的起源。我知道,这绝对不是一件轻而易举的工作。由于阿蒙神教的祭司们采取的报复行为,结果使得我们对阿顿宗教了解得太少。对于摩西宗教,我们也仅仅知道它的最终形式。它是在犹太人受难被驱逐之后大约800年,由犹太祭司们所固定下来的。尽管这些材料可能不太适当,我们仍然可以找到有助于支持我的假设的少数证据,并能够给它们以高度评价。

假如我们拥有一个信仰声明书或一个宣言,那么就可以说,我找到了一条捷径来证明我们的论点,即摩西宗教无非就是阿顿神教。但是,我担心会有人告诉我们此路不通。众所周知,犹太教的祈祷书上说:"Schema Jisroel Adonai Elohenu AdonaiEchod。"[16]埃及的阿顿(或阿图姆)这个名字听起来与希伯来语的阿东耐(Adonai,

意思是君主)这个词以及叙利亚神阿东尼斯(Adonis)的名字相似。如果这一点不是巧合的话,由于语言和意义上的原始亲和性,这个犹太教的信条可以翻译为:"听着,啊,以色列人,我们的上帝阿顿(或者阿东耐)是惟一的神。"遗憾的是,我并不能完全回答这个问题,在这个问题上,我所能找到的相关资料非常有限。但是,我们还是不要把事情看得过于简单。无论如何,我们还是应当回到神的名字这个问题上来。

上述两种宗教的异同之处是很容易辨别的,但却不能使我们得到多大启发。在形式上,它们都是极为严格的一神教,我们将倾向于追溯两者之间的相同之处,简化为它们的基本特征。犹太教在某些方面比埃及的一神教更严格些,比如它禁止制作神的任何形象。除了它们崇拜的神的名字外,它们之间最本质的区别在于这样一个事实,即犹太教完全排除太阳神崇拜,而埃及一神教仍然保守这种信仰。当我们把它们和埃及的流行宗教相比较时，我们获得了这样一个印象，即除了那些明显的对立之外，某些有意向性的冲突依然在两者相异的地方起着重要的作用。我们知道，阿顿宗教是埃克赫那顿怀着对流行宗教的敌意发展起来的，如果我们在进行比较时用阿顿宗教代替犹太宗教，那么，这个看法就是合乎情理的。我们就会惊奇地发现这样一个正确的结论，即犹太教与来世或死后的生活毫不相关，尽管这种宗教和本应最严格的一神教和谐一致。既然埃克赫那顿必须对抗当时的流行宗教，而死神奥西里斯在其中起着比埃及其他地区的神祇都要大的作用，如果我们从犹太教回到阿顿神教中，并猜测一下犹太教的这个特点来源于阿顿神教，就不会觉得大惊小怪了。犹太教与阿顿神教在这样一个重大问题上的一致性，破天荒地给我们的论点提供了强有力的证据。我们将会看到，这还不是惟一的论据。

摩西不仅给予了犹太人新的宗教，而且可以肯定地说,他还把割礼的风俗也传给了他们。这一点对我们现在探讨的问题具有决定性的意义,只是迄今为止,几乎还没有受到足够的重视。当然,《圣经》上的内容经常与此相矛盾。一方面,它把割礼风俗的起始界定到了希伯来人始祖亚伯拉罕(Abraham)时期,把它作为上帝和亚伯拉罕之间契约的标志;另一方面,《圣经》中的一段特别含混的内容又提到,上帝因为摩西疏忽了这个神圣的习俗而感到愤怒,因此决定将他杀掉以示惩罚。但是,摩西的妻子是个米底亚人,由于迅速地给摩西施行了割礼手术,而把她的丈夫从上帝的盛怒之下挽救出来。[17]然而,这些说法都是些歪曲,我们不应该被它引向歧途。接下来我们将会发现,之所以出现这些歪曲的原因到底在哪里。对于犹太人是从哪里获得这样一个风俗习惯这个问题的回答,事实上只有一种答案,即犹太人是从埃及获得这种割礼风俗的。"历史之父"希罗多德(Herodotus)告诉我们,割礼早就是埃及土生土长的风俗,已经流传了很长时间[18],而且他的说法已经在发现的木乃伊和古墓墙壁图画中得到了证实。就我们所知,东地中海地区没有任何其他民族施行过这个风俗。我们可以肯定地说,闪米特人(Semites)、巴比伦人(Babylonians)和苏美尔人(Sumerians)都没有实行过割礼。《圣经》历史上记载迦南的居民同样没有实行过割礼;在雅各的女儿和示剑的王子历险经历的故事中,这种说法是一个必要的前提。[19]犹太人滞留埃及期间,曾经以某种方式获得了割礼的风俗,而与摩西的教义不发生任何关系,这种可能性由于没有任何基础而能够被驳倒。如今,我们可以肯定地讲,割礼是埃及一种普遍的民间风俗,我们不妨暂时采纳这样一个假说:即摩西是个犹太人,他想把他的同胞从埃及的禁锢中解救出来,并带领他们在另一个国家发展出一种有独立精神的新国度——事实上,这确实发生了。既然这样,在那时候他强迫他们接受一种会让他们变成埃及人,并且注定会使他们保持对埃及的回忆的习俗,到底有什么意义呢?他的目的完全与此相反。也就是说,他的子民应当完全忘却这个奴役他们的国家,应当克制对所谓"埃及的美妙生活"的眷恋。上述历史事实和我由此进行的推理之间如此不能相容,以至于我在这里要冒昧地做出下述结论:如果摩西不仅给犹太人带去了宗教,而且也带去了他们接受割礼的法律,那么他就不是犹太人而是埃及人了;而且,摩西宗教可能是一种埃及宗教,也就是说,考虑到摩西宗教与流行的宗教差异悬殊,它成了在许多明显的方面与阿顿教相一致的后期犹太宗教。

我曾经指出,我关于摩西不是犹太人而是埃及人的假设造成了一个新的谜团。他的行为过程对于犹太人来说似乎是很容易被理解的,但对于埃及人来说则不然。然而,如果我们把摩西放在埃克赫那顿的时代并且假设他和那位法老有联系,上面所说的谜团就会消解,能够解答我们问题的动机便显现出来。我们不妨首先假设摩西是一个贵族,而且是个杰出的人物,或者像传说中描述的那样是个皇室成员。无疑,他认识到了他的伟大、他具备的雄心壮志和充沛精力;他甚至可能已经预见到不久的将来自己将成为他的人民的领袖,成为这个王国的统治者。由于和法老接触频繁、关系密切,他成了这个新宗教的坚定追随者,并把这个新宗教的基本思想观念变成了自己的思想观念。当这位国王驾崩之后,反抗随之风起云涌。他看到自己的所有希望和憧憬都破灭了。如果他不愿改变自己十分珍视的信念,埃及就再也没有任何东西值得他眷恋——因为他已经失去了他的国家。在这样的困境中,他找到了另一种不同寻常的解决方法。那位梦想家埃克赫那顿已经疏远了他的人民,他的帝国也已经分崩离析。摩西那勇往直前的干劲使得他开始孕育一项宏伟的计划,他要找到一个新的民族,建立一个新的王国,把埃及所轻蔑的那种宗教传给他们,作为他们崇拜的对象。我们可以看出,这是一种和命运抗争的英雄行为,他想尝试着从两个方面补偿埃克赫那顿的灾难给他带来的损失。当时,他或许是边疆省戈森(Goshen)的首领,(或许早在希克索人时期[20])某些闪米特部落便定居在那里。他决定选择这些人作为他的新子民,这是一个历史性的决定。[21]他与他们达成协议,自命为他们的首领,并"运用手中的力量"[22]把他们带出了埃及。与后来的《圣经》中的说法完全相反,我们可以推断,这次出埃及是和平地发生的,并没有受到跟踪追击。摩西的权力使这次行动成为可能,再者,当时也不存在能够阻止他们的中央行政机构。

根据我们的构想,离开埃及的这次大迁徙发生在公元前 1358 年和公元前 1350 年之间——也就是说,在埃克赫那顿死后和哈莱姆哈布重新建立国家权威之前。[23]这次大迁徙的目的地只能是迦南。在埃及的统治地位崩溃以后,好战的阿拉米人(Aramaeans)游牧部落侵入了那块土地,进行征服和掠夺,并用这种方式表明一个强悍的民族可以为自己赢取新的国土。我们从1887年在阿马尔那城的废墟和遗迹中发现的信件里找到了关于那些能征善战勇士的记载。在这些信件里,他们被称为"哈比鲁人"(Habiru),不知怎么回事,这个名称传给了后来的犹太入侵者——希伯来人——在阿马尔那的信件中不可能是有意的。在巴勒斯坦南部的迦南也居住着一些部落,逃离埃及的那些犹太人把这些部落当成了他们最容易接近的亲戚。

总的看来,我们所发现的那次出埃及大迁徙的动机,同样也适用于割礼风俗的引进。我们很熟悉人们(包括民族和个人)对割礼的态度和反应。迄今为止,割礼还很难被人们所理解。那些没有施行过割礼的人,觉得它非常荒唐和奇怪,并有些恐惧感;而那些接受了割礼的人则以此为荣,他们为之感到尊贵而具有优越感,并且鄙视那些未行割礼的人,觉得他们不洁。即便是在今天,土耳其人还咒骂基督徒,把他们侮辱为"未行割礼的狗"。我们可以相信,身为埃及人的摩西接受过割礼,并且同样抱有这种优越感和自豪感。因而,他带领着离开埃及的那些犹太人应该比他抛下的那些埃及人更优越;在任何方面,犹太人都不比他们差。他希望把他们塑造成为一个"神圣的民族"。——《圣经》里这样白纸黑字地写着[24]——因而,他把这个风俗介绍给他们,作为献身的标记,使他们成为至少可以与埃及人不相上下的民族。如果这个风俗能够使他们在迁徙过程中和其他民族隔绝开来,不让他们与外族人杂交,就像埃及人自己不与所有民族杂交一样,摩西只会喜不自胜。[25]

但是,犹太传统的后来表现似乎不利于我们一直在做的那个推论。如果承认割礼是摩西引进的一种埃及风俗,那就几乎等于承认,由摩西传来的宗教也是一种埃及宗教。然而,存在充分的理由来否认这一事实。因此,关于割礼的真实情况,也只好如此相互矛盾了。

(四)

在这一点上,我预料我的假设会遭到反对。这个假设把摩西当做一个埃及人放在埃克赫那顿时代。它还导致了这样一个推断:他所做的接收犹太人的决定是那个国家的政治环境引起的。这个假设还认为,他传给或强加给他的被保护人的那种宗教是阿顿教,即,实际上在埃及本土就已经分崩离析的那种宗教。我预料有人会指出,我提出的这种臆测式的构想太自以为是了,因为在有关的材料中找不到充分的依据。但是我觉得这种责难是没有道理的。我已经在我的引言里强调了一些可疑的因素;正如已经看到的那样,我这些因素放在括弧外边,这样我就可以省却一些麻烦,不用在论述到括弧内有关问题时不断地重复。[26]

可以用我自己的几句评价性的话来继续这场讨论。我的假设的核心——犹太一神教对埃及历史上的一神教事件具有依赖性——曾被许多作者提到过、怀疑过。在这里,我没有必要不厌其烦地引证这些观点,因为它们都没有说清楚这些影响是怎么发挥作用的。即便是对我们自己的观点——这种影响力是与摩西这个人物密切相关——除了我们提到的证据以外,还应该提到其他的一些可能性。千万不要认为官方阿顿宗教的衰落使埃及的这种一神教潮流完全终止了。起源于古老北方的阿顿宗教的祭司们,在那场灾难过后幸存下来,他们有可能把该教的思想观念及其影响传给埃克赫那顿之后的几代人。因此,即便摩西并非生活在埃克赫那顿时代,没有受到过他个人的影响,如果他只是古老北方祭司制度的一位追随者或仅仅是其中一个成员,他所采取的行动仍然是可以想象的。这种可能性推迟了出埃及的时间,使它更接近于通常所接受的时间(即公元前13世纪)。但除此之外,这种说法并没有更多的意义。这样,我们对摩西的动机的洞悉就会失去意义,那种国家盛行的无政府状态促成了出埃及的说法也失去了效用。第十九王朝的后继者们建立了强大的政体,只是在那位持异端邪说的国王死后的一段时期,才有可能把所有的内部和外部条件综合在一起,从而有利于出埃及行动的实现。

除了《圣经》之外,犹太人还拥有丰富的文学作品,从中可以发现很多传说和神话记述着,在许多世纪的岁月里产生的关于他们的最初领袖及其宗教创立者伟人摩西的故事。其中有些部分阐述得清楚详尽,有些部分则含糊其辞。在这些材料中有时可能看到一些真实可靠的片段,而《摩西五经》对此没有记载。这类片段中有一则故事对摩西童年时期就表现出来的勃勃野心作了生动形象、引人入胜的描述。故事里说,有一年,法老把3岁的摩西抱在怀里玩儿。当法老把摩西高举起来逗弄时,这位年幼的小男孩从国王头上摘下了皇冠,并把它戴在自己头上。那位法老被这一不祥之兆震惊了,他诚惶诚恐地和他那些智者们商议对策。[27]在其他地方还流传着别的一些故事,说摩西作为埃及的军事将领如何在埃塞俄比亚打了胜仗,而且正是由于这一点他才得以逃出埃及,因为他有理由相信朝廷里有人反对他或者法老本人在嫉恨他。《圣经》本身也描述了某些完全可以相信的摩西的特征,把他描写成性格粗暴、烦躁易怒的人。例如,《圣经》中记述他盛怒之下杀掉了正在野蛮虐待一个犹太劳工的监工;还有一次,当他为手下人的变节大光其火时,他砸碎了从西奈山上带下来的刻有戒律的石板。[28]实际上,上帝终于因为他的一次暴躁的行为而亲自惩罚了他,只是我们并不知道到底是怎么一回事。[29]这种特征尽管并不能使他增加光彩,但却很可能是历史事实。另外,也不能排除这种可能性,即犹太人在早期对他们上帝的描述中——把他描述为嫉妒成性、严厉而粗暴——所包括的某些性格特征,可能归根结底得之于对摩西的回忆。因为带领他们走出埃及的不可能是一个不可见的上帝,而是有血有肉、真实存在的摩西这个人。

现在,无论如何,我们的研究工作可以告一段落。就目前的情况看,我们还不可能从摩西是个埃及人这一假设中得出更多的结论,不管这个假设的真伪如何。任何一位历史学家都不会把《圣经》中关于摩西和出埃及记里的描述当做不过是一种虔诚的想象、虚构和神话,这样的神话是出于自身的动机有意识地重新修改甚至歪曲了的古老传统。关于这些传统的原始形态我们一无所知。如果能够发现进行这种修改和歪曲的真正动机和企图,我们将会非常高兴。但是,由于对很多历史事件的无知,我们往往置身五里雾中。我们对摩西生平的重新建构并没有为《圣经》故事里的许多精彩片段提供更多的解释和说明,例如对十大灾难、红海的通道以及西奈山上接受十大戒律的神圣场景——尽管这个事实并不妨碍我们正在进行的工作。但是,如果我们认识到自己的研究发现与当今严肃认真的历史学者的研究成果发生龃龉,我们就不能掉以轻心、当做儿戏。

在这类历史学家中,当代的可以迈耶(1906)为代表。他们在关键的问题上和《圣经》里的说法意见一致。他们也赞同这样一种观点:后来发展成为以色列民族的犹太部落在某个历史时期接受了一种新的宗教。不同的是,在他们看来,这个事件不是发生在埃及,也不是发生在西奈半岛的某个山脚下,而是在一个名叫麦里巴—卡代什(Meribah-Kadesh)的地方[30],一个以泉水众多而著名的绿洲,它位于西奈半岛东部和阿拉伯西部边界之间的南巴勒斯坦一片广袤的土地上。[31]他们在那里接受了对上帝耶和华的崇拜,这很可能是从相邻的阿拉伯米底亚人部落中接受过来的。临近的其他部落也有可能是这个神的信徒。

无疑,耶和华是位火山神。如今大家都知道,埃及并没有火山,西奈半岛的群山中也从来没有发生过火山爆发;另一方面,沿着阿拉伯西部边界的地方,最近才可能有了火山活动。因而,这些山中一定有一座是被视为耶和华家园的西奈—霍尔布(Sinai-Horeb)。[32]不管《圣经》的内容曾经受到过怎样的修改,按照迈耶尔提供的资料,我们还是能够重新勾画出关于这个神的性格的原本样子:他是一个性格不可思议、嗜血成性的恶魔,他习惯于夜间四处游荡而躲避白天的阳光。[33]这个新宗教诞生之时,犹太人与耶和华之间的中介者就是摩西。他是杰思罗的(Jethro)女婿,当他接受上帝的召唤时,他正在放牧羊群。他还在卡代什受到了杰思罗的会见,并且接受了他的一些忠告。[34]

迈耶说,他从来就确信犹太人在埃及滞留的故事与埃及人遭受的那场灾难之间存在着真实的历史联系[35],但是,他显然不明白这一被确认的事实归属何处,有什么用处。他只愿意承认,割礼风俗是由埃及人那里传下来的。对于我们前面的论断,他有两项重要的补充:第一,约书亚(Joshua)命令人们接受割礼,"以便把埃及人的责难从你身上席卷而去"[36];第二,按照希罗多德的说法,"腓尼基人(无疑就是犹太人)和巴勒斯坦的叙利亚人自己曾承认割礼风俗是从埃及人学来的"。[37]然而,他几乎没谈到有关埃及人摩西的事,他说:"我们所知道的摩西是卡代什的祭司们的祖先——就是说,是一个系谱传说中的人物,他和某种崇拜有关系,但不是一个历史人物。因此(除了那些把传说中的一切彻头彻尾地看成历史真实的人之外),在那些把他当成历史人物的人士中,没有人能够给他增添更多的东西,把他描述成为一个具体的人,或者说出来他可能做过哪些贡献,他的历史功绩何在。"[38]

另一方面,迈耶不厌其烦地强调摩西和卡代什以及米底亚人之间的关系:"摩西这个人与米底亚人和沙漠中的崇拜中心有着密切的联系……"[39]而且,"这样一来,摩西这个人便和卡代什(玛撒和麦里巴[40])建立了不可分割的联系,他当上了米底亚祭司的乘龙快婿这一事实,可以作为证明这类联系的补充。相反,他和出埃及这件事情的联系,以及他年轻时的全部经历,都完全是次要的,只不过是把摩西联结成为一个前后相连的传说故事的结果"。[41]迈耶还指出,在青年摩西的故事里所包含的主题后来都被抛弃了:"在米底亚的摩西不再是一个埃及人和法老的孙子,而是一个耶和华在其身上显灵的牧羊人。在讲述十大灾难时,不再谈论他以前的联系,尽管对这些联系可以很容易地加以有效的利用,而且,杀死以色列(新生)婴儿的命令[42]也被完全忘记了。在出埃及记和埃及人的毁灭中,摩西什么作用也没有起到,甚至连提都没有提到他。他的童年传奇所预想的英雄般的性格,在后来的摩西身上消逝殆尽;他不过是上帝的使者,不过是耶和华向他施展了超自然的神奇力量,才使他得以完成某些奇迹。"[43]

现在,我们具有这样不容争辩的印象:虽然传说中把制造黄铜蛇作为治愈之神这件事归功于摩西[44],但那位卡代什和米底亚的摩西决不是我们所推论出来的那个出身高贵的埃及人,后者向他的人民展示了一种宗教,这个宗教以最严格的戒律禁止一切魔法和诅咒。我们的埃及人摩西和米底亚人摩西的区别,或许并不亚于宇宙之神阿顿和住在神山上的神耶和华之间的区别。再者,如果我们完全相信最近历史学家们的说教,我们将不得不承认,我们试图从摩西是个埃及人这个假设中引出的线索到这里又一次中断了,而且,这次中断似乎没有修整好的可能。

(五)

然而,柳暗花明又一村,当我们感到失望的当口又有一条出路展现在眼前。即便是在迈耶之后,人们也从未停止过对摩西的研究,这些研究力求发现他是一个超越于卡代什祭司的人物,并且证实了传说中赋予摩西的声誉[参见格雷斯曼(Gressmann,1913)以及其他一些人的研究]。1922年,厄恩斯特·塞林(Ernst Sellin)的发现,对我们讨论的问题有着决定性的影响。塞林在《何西阿书》(公元前8世纪上半叶)里发现了一些难以置疑的线索,其中,有这样一个传说,描述了他们的宗教创立者摩西在他的倔强固执的人民的一次反叛中遭受了厄运,他所创立的宗教同时也被抛弃掉。这个传说不仅出现在《何西阿书》中,在此后大多数先知的著述中都多次出现过。按照塞林的见解,这确实是后来犹太人期待救主弥赛亚(Messiah)的根基所在。在巴比伦之囚的末期,犹太人中产生了一种愿望,希望那位被他们无耻地杀害了的摩西从阴间复活,带领他的悔罪的人民——也许还不止他的人民——进入永恒的极乐世界。在我们目前的讨论中,我们看不出这种希望与那位后期宗教的建立者(指基督)的命运之间的明显联系。

再说一遍,我当然无法确定塞林是否正确地解释了何西阿书中的有关章节。但是,如果他是正确的,我们则可以把他所辨析出的传说当做一种真实可信的历史事件,因为那种事件不是随便可以杜撰出来的,况且也真的不存在这么做的明确动机。如果这种事情真的发生过,人们会很快忘掉它,这是很容易理解的。我们没有必要接受那种传说的每一个细节。塞林认为,约旦河东岸的希廷(Shittim)可以被看做是摩西遭受攻击的地点所在。但是,不久我们会发现,这个看法和我们的论证并不一致。

让我们借用一下塞林的猜测,即认为埃及人摩西是被犹太人所杀,他所创立的宗教也被犹太人抛弃了。这样,我们就能够避免同历史研究中的正统论调相矛盾,并能够进一步清理我们的问题。但是,在其他方面我们却要冒点风险,勇敢地与权威们的观点保持疏离态度,并且"沿着自己的道路走下去"。逃离埃及的大迁徙仍然是我们讨论问题的出发点,随同摩西离开埃及的犹太人数量一定相当可观,因为数量有限的一群人不值得雄心勃勃的摩西大动干戈。埃及的犹太移民在那时可能已经居留了很长一段时间,繁衍成了一个规模庞大的民族。然而,如果我们和大多数研究者一样,估计后来形成犹太民族的那部分人只有一小部分人经历了在埃及发生的那些事件,当然也不至于有太严重的过失。换句话说,从埃及归来的那些部落后来在埃及与迦南之间的大片土地上和其他在那里定居很久、彼此有亲族关系的部落联合起来,形成了以色列民族。这次联合的标志,是所有部落均接受信仰耶和华的一种新宗教。根据迈耶(1906,60)的见解,这次联合是在米底亚人的影响下在卡代什发生的。此后,这个民族觉得自己已经强大到足以入侵迦南的程度了。但是,这样一种见解与摩西蒙难以及他的宗教遭抛弃等一系列事件发生在约旦河东岸的说法难以吻合,入侵迦南肯定发生在那次部落联合很久以前。

毫无疑问,在犹太民族的形成过程中,有一些非常不同的因素聚集到了一起。但最大的差异是,在这些部落中是否都有过在埃及滞留的经历,以及在居留埃及之后发生了哪些事情。考虑到这个问题,我们可以说,这个国家是由两个部分联合组成的,在一段时期的政治联合之后,他又重新分裂为两部分——以色列王国和犹太王国。分久必合、合久必分,历史就喜欢遵循这样彼此轮回的程序。这方面给人留下印象最深的例子是众所周知的宗教改革:在经过了一千年的间隔之后,曾经一度属于罗马教的德国和一直保持独立的德国之间的纠纷重新燃起。在犹太人的例子里,我们不可能忠实地再现事情的本来面目。我们对这些时代的了解太少、太不确切了,以至于我们无法断定哪些定居下来的部落在北部王国重新聚合起来,无法断定哪些从埃及归来的人却被南部王国接受下来。但同样的,后来的分裂不可能与先前的联合毫无关系。以前的埃及人也许在数量上比不过其他民族,但是他们在文化上表现得很强大。对该民族的进一步发展,他们施加了更为强大的影响力,因为他们带来了其他民族所没有的传统。

也许,他们带来了比上述传统更具体、更确切的另外一些东西。史前时期犹太人最难解的一个谜是利未人的身世。尽管可以把犹太人的历史追溯到以色列的12个部落之一,即利未部落那里,但是没有一个传说能够断言该部落最初定居在哪里,或者敢于说明被征服的迦南土地上哪一部分分给了他们。他们虽然占据着最重要的祭司职位,但他们和其他祭司、一般的祭司又有区别。一个利未人并不必然就是一名祭司,它也不是一种社会等级的名称。我们关于摩西其人的猜想和假设就为此提供了一种解释。令人难以置信的是,像摩西那样一位埃及达宫显贵竟然会只身加入一个并非同伴的异族。他显然带上了他的随从——他的亲信、书记员和家仆。利未人最初就是充当这些角色的。传说中一直把摩西当做一个利未人,看来这显然是对事实的歪曲,因为利未人实际上是摩西的随从。我在早先那一篇论文中提到过,只有在利未人当中才在以后出现过埃及人的名字,上述事实支持了这一观点。可以这样断言,摩西的随从中有相当一部分人逃脱了他和他创立的宗教所遭遇的厄运,在其后的几代人中,他们和自己杂居的民族融合起来,但是却保持了对主人摩西的赤胆忠心,不仅时常缅怀他的丰功伟绩,而且铭记他的谆谆教诲,代代相承。在耶和华的信徒们联合起来的时候,他们在其中形成了一支颇有影响的少数派,他们虽然在规模上不占多数,却在文化上比其他人优越。

在这里,我姑且提出这么一个假设,在摩西身败名裂和在卡代什建立新宗教期间,繁衍生存过整整两代人,这段时期甚至有可能跨越一个世纪。不过,我找不到任何办法来确定,这些新埃及人(在这里我喜欢这样称呼他们)——也就是那些从埃及归来的人——是什么时候和他们的骨肉同胞重逢的,是在他们部落的亲人接受了耶和华宗教之后,还是在此之前?第二种可能性似乎更大一些,但两者在结果上并无二致。也就是说,在卡代什发生的事件是一次妥协,摩西的部落从中分享到了一定的利益。这一点是不容置疑的。

我们可以重新回顾一下关于割礼的风俗所提供的证据,它就像一块关键的化石,不管是过去和现在都向我们伸出援助之手。由于这种风俗和埃及的联系不可分割,它在耶和华宗教中也成了法律戒条;并且,由于它和埃及的错综复杂的联系,接受这种风俗就意味着是对摩西的追随者们的一种让步。这些追随者——或他们当中的利未人——不会放弃自己视为神圣标志的东西。他们试图尽力挽回自己古老的宗教传统,追求的目标是多多益善,甚至为此不惜代价地以承认一个新神来交换,也就是承认米底亚祭司们所宣传的关于这个新神祇的一切。他们可能还赢得了其他的让步。我们已经提到过,犹太人的的仪式对于利用上帝的名字规定了许多限制性条款。比如,在谈到上帝时必须用阿东耐(吾主)这个词来代替,而不能直呼"雅畏"(Yahweh)。我们禁不住想把这一戒律引进到我们的论证中来,但这仅仅是一种毫无根基的臆想。众所周知,禁止对上帝直呼其名是一种原始时代的禁忌。但是,为什么恰恰在犹太人的宗教戒律里恢复了这种禁忌,我们并不清楚。我们认为这种恢复是在某种新伪动机影响下促成的,这决非无稽之谈。我们没有理由假定这类戒律是一直被遵守的,在给某个人起名字时——即在复合名字中——上帝雅畏的名字是可以自由使用的,如约哈难(Jochanan)、耶户(Jehu)和约书亚(Joshua)等人就这样做过。然而,和这个名字有关的还有一些特殊情况。据我们所知,《圣经》的一些批评性研究认为,《旧约全书》的头六卷有两个文件来源,分别以两个名字的第一个字母 J 和 E 来区分,其中一个用的是雅畏(Jahve,即 Yahweh)作为上帝的名字,另一个则使用了"埃洛希姆"(Elohim),而"埃洛希姆"肯定不是"阿东耐"(Adonai)。不管怎么说,有一位权威人士的话值得我们在这里谨记于心:"不同的名字是不同起源的神祇的明显标志。"[45]

我们已经提到,保留割礼风俗这一事实证明,在卡代什建立的新宗教包含了一种妥协。我们从 J 和 E 中都可以了解到这种妥协的性质:这两种情况互相吻合,因此肯定能回溯到一个共同的来源(即一种书面记载或口头传说)。它的主要目的在于证明新神耶和华的伟大和力量。既然摩西的追随者如此重视他们从埃及出逃的那次经历,这次解放行动必须归功于耶和华,对这次事件还进行了大肆渲染,以证明火山之神那可怕的威严——比如在夜间一柱烟云变换成了一柱火焰;再比如暂时将海水分开,以便将跟踪追击的敌兵用重新合拢的海水淹死。[46]这样的叙述将出埃及和新宗教的建立联系在一起,并且否认它们之间存在长时期的间隔。因此,授予十大戒律的事便表现为不是发生在卡代什,而是发生在以一处火山爆发为标志的神山脚下。然而,这种解释对于摩西的个人经历来说却很不公平;是他而不是火山之神把人民从埃及解放出来。因此,应当对摩西做些补偿,也就是把他转移到卡代什或者西奈——霍内布山,并且给他一个米底亚祭司的职位。以后我们会发现,这种解决方法满足了另一个不可避免的紧迫需要。用这个方式可以达到一种彼此遵守的协议:居住在米底亚某座山上的耶和华被允许把他的活动范围扩展到埃及;以此作为交换,摩西生存和活动的空间则扩展到卡代什以及远至约旦河东岸的国家。如此,他便被融汇成后来的那位宗教创立者,米底亚的杰思罗的女婿,并且把摩西这个名字借给了他。但是,关于第二个摩西,我们却无法做出个人的解释——他被第一个摩西,即埃及人的摩西,如此完全地淹没了——除非我们讲明《圣经》里对摩西性格的描述中的矛盾之处。这个摩西常常被描述为专制霸道、脾气暴躁甚至粗野蛮横,但也曾经被描述为最温和、最有耐性的男子。[47]后面谈的这些品质显然不适用于埃及人摩西,因为他必须带领他的人民从事如此艰巨的事业;这些品质可能属于另一个摩西,即米底亚人的摩西。我认为,我们可以合情合理地把这两个人物区分开来,并且设想埃及人摩西从未到达过卡代什,从未听说过耶和华的名字,而米底亚人摩西从未去过埃及,对阿顿教也一无所知。为了把这两个人物结合在一起,传说和传奇都要把埃及人摩西带到米底亚。我们已经看到,这一点已经有了不止一种解释。

(六)

行文至此,我发现自己会受到责难,责怪我过分肯定而不合理地重构了以色列的早期历史。我并不觉得这种责难对我是一次不堪忍受的严厉打击,因为在我自己的判断中,也有这样的感觉回应出来,同时我也已经做了再次迎受这种批评的准备。我的构想存在弱点,但它也有说服力很强的地方。总而言之,我的占优势的印象是,沿着我已经走上的这一方向继续从事研究是值得的。

摆在我们面前的这本《圣经》的解说包含了很多珍贵的、事实上其价值难以估量的历史资料。但是,这些资料却被具有强烈倾向性的某些动机及其影响所歪曲了,被某些诗歌创作所渲染、所粉饰了。在迄今为止我们所做出的努力之中,我们已经能够觉察出这些歪曲性的动机之一。这一发现给我们指明了以后前进的道路。我们必须把类似的其他一些动机揭示出来。如果能够辨别分析出之所以由这些动机造成的歪曲的手段,我们就能够发现一些新的片段,来阐明隐藏在幕后的真实背景。

让我们首先看看《圣经》研究的批评者们是如何看

待《旧约全书》前六卷(即《摩西五经》和《约书亚记》)的起源史的,我们在此所关注的就是了解这类情况。[48]早期的文件来源被认为是J(以耶和华作为上帝名字的作者),在当代则被确认为是祭司埃比亚塔(Ebyatar),一个大卫王的同时代人。[49]此后不久——我们并不清楚到底有多久——我们发现了所谓属于北部王国、以埃洛希姆E来称呼上帝的作者。[50]北部王国灭亡之后,公元前722年,一位犹太祭司把J和E两部分中的一些内容合而为一,并在其中增加了自己的创造和独特见解。他所编辑的著作就是以JE命名的。在7世纪,在JE中又加上了第五卷书《申命记》。据猜测,在古犹太人祭祀上帝的神殿中发现了全书。在神殿遭到破坏的那段时期(公元前586年),在被放逐(the exile)期间及其后进行了编撰修订,被称为"祭司法典";到了5世纪,这本书又做了最后的修订,自此之后,就基本上未做任何改动。[51]

大卫王及其时代的有关历史记载极可能是某位当代学者所做的工作。它是"历史之父"希罗多德之前500年的真实记录。如果人们根据我的假设来设想埃及人的影响,就能够逐步理解这一成就的意义。[52]人们甚至设想过,这些最早期的以色列人的后裔——也就是摩西的书记员们 有可能曾经对最初的字母的发明做出过贡献。[53]我们当然无法知道,这些早期时代的记载到底有多少是以更早期的记录或口头传说为依据的;对每一个事例来说,也难以搞清,在原发事件和事后形成的文字记载之间到底经过了多长的时间,经历了怎样的变化。然而,就我们现在所能占有的文本而言,那些记载却足以使我们看到有关的历史真迹。这里,在那些文字记载上有两种完全相反的力量在起作用。一方面,某些修正者肯定怀着不可告人的动机篡改、肢解和夸大了那些文字记载,把它们搞得面目全非。另一方面,受一种虔诚态度的支配,他们基于固守成见而不管记载本身中的细节是协调一致还是相互矛盾。这样,几乎在记载的每个地方都可以发现明显的跳跃和省略,不厌其烦的重复,显而易见的矛盾——这些迹象向我们表明,这些决非是有意传达出来的。那种对文字记载的歪曲篡改和实施谋杀没有什么两样,只是它的困难之处不在于抹杀事件本身而在于消除它原本的痕迹。"歪曲"(Entstellung)这个词具有双重含义,尽管现在很少使用,我却希望有权力在这个意义上使用它。这个概念不仅应该意味着"改变某个事物的外表",还应该意味着使其"把某物放在另一个位置",或者"将其移置"。[54]在这种情况下,我们仍然可望在那些记载中发现许多被歪曲的文本,这些失真之处往往隐藏在某个地方,或者已经改头换面,或者变得支离破碎。只是要做到这一点并不那么容易。

我们想要了解的这些歪曲的目的肯定是在那些传说被记载下来之前就已经发生了作用和影响。我们已经发现了其中的一种,这也许是最强有力的一种。我们已经说过,随着新神耶和华在卡代什被创立起来,人们觉得有必要做些事情为他增光添彩。更确切地说,有必要顺应他,俯就他,给他足够的空间来消除从前那些宗教信仰的痕迹。对于那些定居部落的宗教来说,这一点似乎已经完全成功地做到了。除此之外,我们再也没有听到更多的消息。而对那些从埃及回来的人来说,这却不是件轻而易举的事:他们决不允许出埃及这个事件、摩西这个人物以及割礼的风俗等等被剥夺。的确,他们曾住在埃及,但他们不久又离开了埃及,而且从此以后关于埃及其影响的所有痕迹都要予以否认。对于摩西这个人物,则把他转移到了米底亚和卡代什,把他和创立了这个宗教的耶和华的祭司融为一体。割礼这个最令人疑惑地依赖于埃及的痕迹则必须保持,但人们不惜一切地试图把这种风俗同埃及分开——所有的证据恰恰与此相反。现在,只有把它作为有意地否认这个叛逆的事实,我们才能解释在《出埃及记》(第四章第二十四—二十六节)中那段让人迷惑不解的话。根据这段话的意思,由于摩西忽略了割礼,雅畏一方面对他大光其火,他的米底亚妻子赶紧给他做了割礼的手术,从而挽救了摩西的性命。很快,我们将会发现另外一种杜撰,其目的是使那个令人伤脑筋的证据变得没什么害处。

我们发现有迹象表明,人们力图明确地否认耶和华是个新神,是对于犹太人来说的外来的陌生的神祇。这个事实很难说是一种新的倾向性动机的表现;相反,它是从前已有的目的和用意的继续。在这个目的鼓动下,有关该民族的族长们(包括亚伯拉罕、以撒和雅各)的传奇故事便被炮制出来。雅畏坚持说,他已经是这些先祖们的神了;尽管他本人确实不得不承认,他们并没有用这个名字来崇拜他。[55]然而,他并没有附加说明,另外一个名字是什么。

这样就出现了一个机会,可以用来给割礼风俗起源于埃及的说法一个决定性的打击。据说,雅畏曾经和亚伯拉罕坚持过,此事,并把割礼立为他和亚伯拉罕之间立约的标志[56],然而,这是一个笨拙得出奇的设想。作为一种能够把一个人同其他人区分开来并且能够使人倾向于他而不是别人的标志,人们会选择一个不能在别的人身上发现的东西,而决不会选择一个数以百万计的人们以同样的方式都能展现出的东西。受这种关系的影响,被移置到埃及的以色列人将不得不承认每一个埃及人都是这种盟约里的兄弟,都是雅畏统治下的子民。创造了《圣经》文本的以色列人不可能无视割礼是埃及人早就有的风俗这一事实。迈耶所引用的《约书亚记》(第五章第九节)中的一段话明白无误地表明了这一点;但是,正是由于这个原因,才必须不惜一切代价地予以否认。

我们不能寄希望于宗教的神话结构会过多地注重到逻辑上的一致性。不然的话,民众的感情就可能有理由对那个同他们的祖先们达成某种盟约的神表示愤慨,这个盟约要求双方互尽义务,然而,多少世纪以来,这个神却并不在意他的人类伙伴,这种情况一直持续到他突然在他们的子孙后代面前重新显灵才有所改变。更令人大惑不解的一个认识是,一个神竟然会突然"选定"某个民族,宣布为他的子民,而他本人则是他们的神。我相信这是人类宗教史上这类例子中绝无仅有的一个。在一般情况下,神与人是不可分割地联系着的,他们从亘古至今都同属一体。毫无疑问,有时候我们会听说过一个民族接受了另一个不同的神,但从来没有听说过一个神寻找过另一个不同的民族。如果我们回顾一下摩西和犹太民族之间的联系,我们或许能够更好地理解这个独一无二的事件。摩西屈尊降临到犹太人当中,把他们作为他的子民:他们就是他所"选定的子民"。[57]

把那些族长们带进我们的讨论,还有利于达到另外一个目的。他们曾住在迦南,他们的记忆也和该国的某些地区保持着联系。很有可能他们本身最初就是迦南人的英雄或当地的神祇,只是后来被迁徙至此的以色列人纳为己有,强行编入到了他们的史前史。通过颂扬这些族长,他们就可以宣称他们是土生土长的本地人,这样他们就免于依附一个外来征服者的嫌疑和忌讳。声称耶和华神祇是把他们的祖先曾经拥有的东西归还给他们,这真是一种苦心孤诣的歪曲伎俩。

《圣经》的后期记载里,避免提到卡代什的意图发生了效力。创立这种宗教的地点最终而且一劳永逸地被固定在圣山,即西奈—霍内布山。要想发掘出之所以这样做的动机何在,决不是件容易的事,也可能是人们已经不愿意回忆米底亚的影响。但是,所有后期的歪曲,特别是对祭司法典的歪曲,则怀有另外一种目的。再也没有必要按照某种要求去改变对事件的说明——因为很早就有人这样做了。然而,人们十分关注把现今的法律和制度追溯到人类的早期时代——一般而言,把他们置于摩西制定的律法基础上——以便由此获得具有神圣性和约束力的权力。无论对过去的描述可能以这样的方式做了多么大的篡改和修订,其过程却并非没有一定程度的心理学的合理性。这反映了这样一个事实,在漫长的发展过程中——在离开埃及和在埃兹拉(Ezra)和尼赫迈亚(Nehemiah)确定了《圣经》的文本之间,大约跨越了800年的时间——耶和华宗教的形式发生了改变,又变回到了和原始的摩西宗教一致甚至完全相同的地步。

这就是基本的结论,也是犹太宗教史的重要本质。

(七)

在后来的诗人、僧侣和历史学家致力于研究的早期时代的所有事件中,有一个事件最为突出,对这一事件的压制是出于人类最直接、最美好的动机所强制实施的。这就是摩西这位伟大的领导者与解放者被谋杀的事件。塞林在《先知书》作品的蛛丝马迹中发现了这一事件。塞林的假设很可能切近事实,因而不能当做是异想天开。在埃克赫那顿的学校里受过训练的摩西,使用的无非是埃克赫那顿这位国王使用过的方法:他下令,强迫人民接受他的信仰。[58] 只是,摩西的教义和信条可能比他老师的还要严厉些。他没有必要把太阳神作为一个支柱来保留:古老北方祭司学校对于他的子民来说没有任何实际意义。与埃克赫那顿一样,摩西也遭遇了所有开明的专制君主都会遭到的相同的命运。在摩西统治下的犹太人和第十八王朝埃克赫那顿统治下的埃及人一样,丝毫也不愿意容忍这种高度精神化[59]的宗教,他们的需要不能从这种宗教所提供的东西中获得满足。这两个例子里发生的情况也是相同的:那些受到抑制和统治的人们奋起反抗,抛弃了强加在他们头脑里的宗教重负。但是,当驯服的埃及人等待着命运之神把他们的法老除掉时,野蛮的闪米特人却把命运掌握在自己手里,亲自除掉了他们的暴君。[60]

以为现在的《圣经》文本没有告诫我们摩西的命运,这样一种认识也是站不住脚的。"在荒野中漫游"[61]可能代表着摩西统治的时期,对这一时期的描述展现了反对摩西权威的一系列严重叛乱,在耶和华的命令下,这些叛乱被血腥镇压了。不难设想,有一次叛乱被终止的方式和《圣经》里的说法并不一样。在《圣经》中也有关于人民反叛这种新宗教的记述——当然只不过是把它当成了一个小插曲,这就是那头金牛犊的故事。故事通过隐喻的方式,巧妙地把打坏刻着戒律石板的责任——这必须象征性地理解为"他破坏了戒律"——归咎于摩西,把他狂暴的愤怒说成是这种行为的动机。[62]

有一段时期人们开始后悔杀了摩西,并且想把这件事忘掉。这种情况当然发生在该民族的两个部分在卡代什联合起来的时候。但是,当出埃及和在(卡代什的)绿洲建立宗教这两件事被联系得如此紧密时,当摩西被表现为与后一个事件有关,而不是另一个人物(指米底亚的祭司)时,不仅摩西的追随者的愿望得到了满足,而且还成功地否认了他的悲惨结局。实际上,即使摩西的生命并不那么短暂,他也不可能参与在卡代什发生的一系列事件。

我们现在必须尝试着阐明这些事件之间的年代关系。我们已经把出埃及的时间放在第十八王朝灭亡(公元前1350年)之后的那段时期。由于埃及的编年史家把以后在哈莱姆哈布统治下的混乱年代也包括在内了,使得这个朝代在这段混乱告终时,历史已经走到了公元前1315年。这样算起来,出埃及这件事可能发生在那时候或者稍后。确定这一编年史的另一个(但也是惟一的一个)要点是由美楞普塔(公元前1225年—公元前1215年)的石碑提供的,他炫耀了这位法老对以色列人的胜利以及对以色列子孙的毁灭。遗憾的是,这块石碑的含义值得怀疑,人们猜测它证实了以色列部落那时已经定居在迦南了。[63]和从前可以轻易地断定的那样,爱德华·迈耶从这块石碑上正确地得出结论认为,美楞普塔不可能是犹太人离开埃及时的法老。出埃及的时间一定更早些。究竟谁是出埃及时的法老,这个问题在我看来似乎毫无价值。我认为,在出埃及时没有法老,因为这件事发生在一个空位期。对美楞普塔石碑的发现也没有能够告诉我们卡代什的那次联合以及新宗教的创立的可能的日期。我们惟一能够肯定的是,出埃及大约发生在公元前1350年和公元前1215年之间的某个时期。我们猜想,出埃及的时间非常接近这100年的前些时候,而在卡代什发生的事件则在这100年即将结束之时。我们宁愿认为这两个事件之间的间隔期更长一些。因为需要一段比较长的时间,才能使回归的部落从杀害摩西的狂热之中冷静下来,才能使他的追随者,即利未人的影响变得和在卡代什的妥协中所发挥的影响同样大。两代人，60年的时间，可能对此已经足够了，但也只是刚刚够而已。由美楞普塔的这块石碑上推论出来的时间在我们看来似乎是太早了，而且，既然我们知道，在这类假设中，往往是一个假设建立在另一个假设基础上，我们必须承认，这样的讨论暴露了我们构想中的脆弱之处。不幸的是，和犹太人定居迦南这件事有关的一切非常隐晦难解、充满混乱。如今，我们惟一可以依赖的假设或许是，在"以色列"石碑上的这个名字和我们正试图探讨其命运、并且后来才联合起来形成后来以色列人民的那些部落无关。可是，无论如何，在阿马尔那时代，希伯来语的名字哈比鲁被转换到了同一民族头上。

这些部落通过接受一种共同的宗教而联合成为一个国家，无论这种联合具体发生在什么时候，其结果在世界历史上都很可能是件相当无关紧要的事。这样的话，这种新的宗教很有可能会由于一系列事件的发生而被席卷而去、烟消云散,耶和华也将不得不在福楼拜所想象的逝去神祇的行列中占有一席之地。[64]不仅是盎格鲁-撒克逊人长期以来一直孜孜不倦地寻求的那10个部落,而且他的所有12个部落很可能都已经荡然无存了。米底亚人摩西向其奉献了一个新民族的耶和华神,很可能根本就不是位杰出人物。他性情暴躁、心胸狭窄、凶猛蛮横而又嗜血成性,他只是一个地方神祇,却狂妄地向他的追随者们许诺,要送给他们"一块流淌着奶和蜜的土地"[65],并且督促他用"剑的锋刃"去灭绝现存的居民。[66]令人惊奇的是,尽管经历了这样那样的修改之后,《圣经》的讲述还有多少东西能够得以保存下来,使我们能够认识它原始的本性。甚至现在还不能确定,他的宗教是真正的一神教,不能确定他否认过其他民族的神祇的神圣性。很有可能的是,他的人民把他们自己的神看得比其他民族的神更为强大,这就足够了。如果事情的发展过程不同于这类开端往往引导我们所期待的那样时，那就只能在一个事实中去寻找原因。埃及人摩西向该民族的一部分人赋予了一个更高度精神化的神的观念，这是一个拥抱和接受全世界的单一神，他不仅充满博爱之心，而且无所不能，他不喜欢所有的仪式和巫术，而把真理和正义视为人的最高目标。因为，无论我们所具有的关于阿顿宗教的伦理方面的描述多么不完善，一个并非不重要的事实是，埃克赫那顿在他的碑文中经常说，他自己"生活在真理和正义之中"。[67]（很可能在一段比较短的时期过后）人们便抛却了摩西的教诲，并且把他本人杀掉了。从长远的眼光看，这倒无关紧要。然而，他的传统却被保存下来（实际上经过逐渐的努力和几个世纪的发展），他的影响也达到了摩西所未能达到的程度。从卡代什那个时代起，当人们相信摩西所做的解放人民的行为是耶和华神所为时，耶和华便获得了不应有的荣誉；但是，他不得不为这种不应得的好处付出沉重的代价。他所取而代之的那个神祇的庇护力变得比他本人还要强大;到了这一进程的末尾,那个被忘却的摩西神的本性便在他的背后显现出来。谁也不会怀疑,只有那样一种神的观念,才使得有神的人民经受了命运的所有打击,并坚强地生存了下来,一直生活到我们今天这个时代。

再也没有可能估计利未人在摩西神对耶和华神的最后胜利中究竟起到了多么大的作用。在卡代什的妥协达成之际,他们曾经站在摩西一边,那时他们是摩西的扈从和同胞,仍然保持着对主人的鲜活记忆。在此后的几个世纪中,他们和该民族或者祭司阶层相互合并,祭司的主要作用就是举行并监督仪式,除此之外就是保护《圣经》并根据他们的目的做些修订。但是,所有的祭祀和仪式归根到底不都是魔法和巫术,不都是曾经被古老的摩西信条无条件地加以拒斥过吗?这样,从这些人中间连续不断地产生了一代又一代的先知和信徒,他们在起源上和摩西没有联系,但却被这种在朦胧状态下一点一滴发展出来的伟大而强有力的传统所吸引。正是这些人,这些先知们,孜孜不倦、毫不气馁地宣讲古老的摩西教义——这个神对世人的要求是摈弃任何祭祀和仪式,他只要求得到人们的信仰,过一种恪守真理和正义的生活。先知们的努力获得了持久的成功。他们用来重建古老信仰的那些信条变成了犹太宗教永恒的内容。对于犹太人来说,能够把这个传统保存下来并且培育了为之摇旗呐喊的布道者,是他们自己的荣耀——尽管这个传统的创始人和这种荣耀的激励者来自外界,来自一个伟大的外邦人。

一些具有专业知识的研究者和我一样看到了摩西对于犹太宗教的重大意义,即便他们不认可摩西原本是埃及人,如果我没有诉诸他们的见解和判断,我在做这种说明时应该不会感到平静和踏实。这里以塞林为例做一说明。塞林(1922,52)写到:"因而,我们必须描述一下真正的摩西宗教——他信仰他所宣扬的一个道德之神——把他描写成该民族一个小集团必不可少的私有财产。我们无法指望一开始就能够从官方的崇拜、祭司的宗教和人民的普遍信仰中找到它。所有我们能够指望的是,从他点燃的精神火花中升起的、时隐时现的点点星火,发现他的观点并没有被完全泯灭,而且一直在默默地在某个地方对习俗和信仰发生着影响,直到迟早有一天,通过某些特殊经历的影响和作用,或者通过特别醉心于、投身于这种精神的人们的影响,它再次更加强烈更加炽热地爆发出来,并对更为广大的人民群众产生作用。正是在这个意义上,以色列人的古代宗教史才必然会受到青睐。任何人,如果仅仅根据编年史的记载,按照我们所探讨的宗教路线,从迦南人民最初的500年生活中构想摩西宗教,那就一定会犯严重的方法论的错误。"沃尔兹(Volz,1907,64)更清楚地表明了他的信念:"摩西的天马行空般的学说最初只是很不经意地被理解和执行,直到在许多世纪的发展过程中,它才越来越深入人心,最终在那些伟大的先知们当中寻找到了知音,恢复了元气,这些先知们继续恢弘着这位孤独的创业者的业绩。"

至此,我已经得出了我的研究结论,这项研究的惟一目的是把埃及人摩西这个人物与犹太历史联系起来。我们的研究结果可以用最简洁的方式表达出来。我们所熟知的犹太历史具有两重性:两个民族融合成为一个民族,这个民族又分裂为两个王国,在《圣经》的文字资料中有两个神的名字。现在我们要在这种两重性上加入两项新的两重性:建立了两种宗教——第一种被第二种所压抑,但以后又浮现出来并占了上风、取得了胜利;还有两位宗教创立者,他们的名字相同,都被称为摩西,但两者的人格却必须相互区别开来。后来的这些两重性都是第一种两重性的必然结果:事实上,该民族的一部分经历了一次创伤性的体验,而另一部分则幸免于难。除此之外,还有相当多的东西要讨论、解释和判断,只有这样,我们的纯粹历史研究的兴趣才能得到真正的确保。一种传说或传奇的真正实质究竟何在?他的特殊力量到底在哪里?人们怎么做才能不至于武断地否认伟大人物在世界历史上的个人影响?如果我们只承认那些从物质需要中萌发出来的动机,那就会怎样亵渎了人类生活的丰富多彩性?某些观念(尤其是宗教观念),是从什么根源获取了桎梏个人和民族的力量?在犹太人历史这种特殊的背景下研究所有这些问题将是一项诱人的工作。如果继续我对这些思路的研究,将会把我25年前在《图腾与塔布》(1912—1913)中提出的观点联系起来。但是眼下,我感到我不再有力量这样做下去了。

---

[1]《意象》杂志(1937)。[指上述论文一。]

[2] 我们并不清楚在《出埃及记》中涉及多大数量的人。

[3] [Geistig在这里译为"精神的和理智的"。这个概念在本书的结尾处变得十分重要,特别是在论文三第二部分的

(三)。]

[4] 布雷斯特德(1906,356)称他为"人类历史上的第一人"。

[5] 下述内容基本上是根据布雷斯特德(1906 和 1934)和《剑桥古代史》(1924,2)的有关章节编辑而成。

[6] 甚至阿蒙诺菲斯喜爱的妻子耐芙尔蒂蒂(Nefertiti)也可能是亚洲人。

[7] "但是,无论这种起源于赫利奥波利斯的新国教是多么显而易见,它也决不仅仅是简单的太阳崇拜;阿顿这个词在古老的用法中叫做'神'(nuter),显然,'神'有别于作为物质的太阳。"布雷斯特德(1906,360)。——"显而易见,这位国王把人们在地球上所感受到的太阳的力量崇拜为神"布雷斯特德(1934,279)。——对于阿顿神的崇拜,厄尔曼(1905,66)也有类似的评论:"这是一些尽可能抽象地表达其意义的词,受崇拜的不是这个天体本身,而是内在地层现自己的那种存在。"

[8] 布雷斯特德(1906,374 页注)。

[9] [在德文版中,这个名字拼作 Ikhnaton。]我在这里采用

的是英文拼写(另外一个是 Akhenaton)。国王的新名字大致和以前的名字意义相同,即"神是满意的"。参见德文 Gotthold(上帝是仁慈的)和 Gottfried(上帝是满意的)。[从字面上看,这个脚注是从德文版翻译过来的。实际上,Ikhnaton 是布雷斯特德美语式的翻译法。]

[10] 正是在那里,1887 年发现了埃及国王和他们的亚洲朋友和诸侯们的通信。这一发现具有极其重要的历史意义。

[11] 布雷斯特德(1906,363)。

[12] 韦戈尔(Weigall,1922,120—121)说,埃克赫那顿断然否认地狱的存在,为了抵御这个地狱的侵害,人们采用了数不清的魔法符咒来保护自己:"埃克赫那顿把所有这些宗教信条全部付之一炬。妖魔鬼怪、精灵、半人半神、魔鬼以及奥西里斯本人连同他的阴曹地府,毫无例外地被埃克赫那顿投入熊熊烈火,化为灰烬。"

[13] [这里或许应写作"一座金字塔或一只鹰",参见布雷斯特德(1934,278)。]

[14] "埃克赫那顿不允许给阿顿制作任何塑像。这位国

王说,真正的神是没有形式的;而且,在他的一生中始终坚持这个观点"(韦戈尔,1922,103)。

[15]"关于奥西里斯及其王国,人们再也听不到什么了"(厄尔曼,1905,70)。——"奥西里斯完全被遗忘了、被忽略了。无论是在关于埃克赫那顿的记载中,还是在关于阿马尔那的坟墓中,都从来没有提到过"(布雷斯特德,1934,291)。

[16][请听着,我们的神是惟一的神。]

[17]《创世记》(17,9);《出埃及记》(4,24)。

[18]希罗多德《历史》(2,104)。

[19]《创世记》(34)。我十分清楚地知道,在如此专横地对待《圣经》传说——当它适合于我,我便利用它来证实我的观点,当它与我的观点相左时,我便毫不吝惜地抛弃它——时,我使自己面临着方法论上的批评,而且,这削弱了我论证的说服力。但是,这是一个学者对待他所明确熟知的资料的惟一方式,这种材料的可信性已被那些带有倾向性用意的扭曲影响所严重损害了。我希望,当我发现这些秘密动机的痕迹之后,我将随之发现一定程度的合理性。须知,在任何情况下都不可能

获得确定无疑的结果。实际上,研究这一问题的其他学者,也都采取同样的程序和方法。

[20][这个时期大约在埃克赫那顿时代之前的200年,这是闪米特人(也就是所谓的"牧人王")统治埃及北部的一段混乱时期。]

[21]如果摩西是个高级官员,就能够使人容易理解他为什么能够担当犹太人的领袖这个角色;如果摩西是一位祭司,那么,他充当一种宗教的创立者也是自然而然的事。在所有这两种情况下,他都有可能继续从事他从前的职业。而一位皇室的王子很容易兼具这两种可能——既是一位省区首脑,也是一位宗教祭司。约瑟夫斯接受了关于弃婴的传奇故事,但似乎更多地接触过除了《圣经》之外的其他版本。在约瑟夫斯的叙述中(即他的《古代犹太人》英文译本,1930,第269页以下),他认为,摩西是一位埃及将军,他曾在埃塞俄比亚打了一场胜仗。

[22]《出埃及记》(13,3、14及16)。

[23]这样就使得出埃及的时间比大多数历史学家所假定的要早一个世纪,这些历史学家认为,出埃及发生在美楞普塔

(即 Merenptah,又译为 Meneptah)统治下的第十九王朝。或许比上文所述的要晚一些,因为埃及官方的历史档案似乎把哈莱姆哈布统治下的空位期包括在内了。

[24] [《出埃及记》(19,6)。在权威版中同一个词到处都在使用着,如《申命记》(7,6)。]

[25] 希罗多德在大约公元前450年访问了埃及。他在叙述旅行见闻时谈到埃及人的一个特征,该特征与后来犹太人的显著特征惊人地相似。他说:"他们在所有方面都表现出比其他民族更大的宗教虔诚。他们的许多风俗,如割礼,也显得与众不同。他们施行割礼,目的在于清洁,比其他民族实行得要早。此外,他们很害怕、也很厌恶猪,这无疑是因为塞思(Seth)曾经变成一头肮脏的黑猪咬伤过荷拉斯(Horus);其次,最明显的是,他们对母牛极为崇敬,从来没有吃过母牛,也从来没有把母牛当做牺牲用品贡奉,因为那样会得罪长着牛角的女神伊西丝(Isis)。由于这个理由,没有任何埃及男女会同希腊人接吻,或者使用他们的餐具、橱具,或进食用希腊人的刀子宰杀的尚未交配过的公牛……他们傲慢而狭隘地蔑视其他民族,认为

他们是肮脏不洁的,根本无法像他们自己这个民族那样接近上帝。"(引自厄尔曼,1905,181)这是厄尔曼关于希罗多德的第二部书第三十六至四十七章的小结。——当然,我们一定不能忽视在印度人的生活中,也有类似的记录。——而且,随便提一句,究竟是谁曾向19世纪犹太诗人海涅(Heine)建议,他应该抱怨他的宗教,就像"从尼罗河谷蔓延的瘟疫,成了古老埃及的不健康的信仰"呢?〔摘自一首诗《汉堡的新犹太医院》。〕

〔26〕〔显而易见,这是借用代数中同项式的处理方式。〕

〔27〕这件轶事还以略有不同的形式出现在约瑟夫斯(Josephus)作品中。〔《古代犹太人》(Jewish Antiquities),英译本,(1930年,265页以下)。〕

〔28〕《出埃及记》(2,11—12;32,19)。

〔29〕〔如果指的是摩西,那是说,在他的晚年不允许他进入天国(《申命记》,34,4)。实际的解释为,他在汲水时表现得很不耐烦,他用他的魔杖击打石头而不是简单地对石头说几句(《民数记》,20,11—12)。〕

〔30〕〔在本书自始至终,弗洛伊德对这个词的后半部分使

用了更富技术性的拼写法:夸底斯(Qadeš)。我们这里采用的是英文的通常拼法。]

[31] [它的确切位置无法确定,但很可能是现在所知的内盖夫(Negev),大约和佩特拉(Petra)同一纬度,只是稍微偏西约50英里。注意不要把它和巴勒斯坦以北的、更有名气的叙利亚的卡代什相混淆,这是麦西斯二世(Ramesses)对黑提蒂斯(Hittites)取得令人羡慕的胜利的地方。]

[32]《圣经》故事里的某些章节(如《民数记》,20,6—9)仍然认为,耶和华是从西奈降临到麦里巴—卡代什的。

[33] 迈耶(1906,38及58)。

[34]《出埃及记》(3,1及18,2—27)。

[35] 迈耶(1906,49)。

[36]《约书亚记》(5,9)。

[37] 迈耶(1906,449),见希罗多德的《历史》,(2,104)。

[38] 迈耶(1906,451页注)。

[39] 迈耶(1906,49)。

[40] [这些似乎是卡代什的一些泉水的名字。参见《出埃

及记》,(17,7)。]

[41] 迈耶(1906,72)。

[42]《出埃及记》(1,16及22)。

[43] 迈耶(1906,47)。

[44]《民数记》(21,9)。

[45] 格雷斯曼(1913,54)。

[46]《出埃及记》(13,21;14,21及28)。

[47] [比如《出埃及记》(32,19);《民数记》(12,37)。]

[48] 1910年《大英百科全书》第十一版,第三卷,"圣经"条目。

[49] 参见奥尔巴克(Auerbaeh)(1932)。

[50] 1753年,让·阿斯特鲁克(Astruc),第一次区分了以耶和华作为上帝名字的作品和以埃洛希姆作为上帝名字的作品。[阿斯特鲁克(1684—1766),是法国路易十五王朝的一位宫廷医生。]

[51] 从历史上看,可以肯定,犹太版的《圣经》最终在公元前5世纪由于埃兹拉(Ezra)和尼赫迈亚(Nehemiah)进行改革

的结果而稳定下来——也就是说,事情发生在被放逐之后,在对犹太人友好的波斯人的统治期间。根据我们的推测,自摩西出现之后,已经大约有九百年的时间过去了。这些改革制定了一些严格的政策法规,目的在于使整个民族神圣化;由于禁止与外族通婚,他们与临近民族的隔离也得以有效地实现,《摩西五经》也就完成了所谓"祭司法典"的修订,这本真正的律法巨著的最终形式也得以固定下来。然而,似乎可以肯定地讲,这些改革并未引进任何新的有倾向性的动机,反倒在某些方面接受和强化了早先的倾向。

[52] 参见亚胡达(1929)。

[53] 如果禁止他们制作画像,他们甚至应该已经具备了放弃象形文字的图画式书写,而采纳其书写符号来表达一种新的语言(参见奥尔巴克,1932)(象形文字的书写包括描述物体的符号和代表声音的符号)。

[54] [在德语中 Stelle 的意思是"一个地方",ent 是个前缀,表示条件的改变。]

[55] [参见《出埃及记》(6,3)。]使用新名字的种种限制

并没有因此变得更容易为人理解,反而更使人产生怀疑。

[56]《创世记》(17,9—14)。

[57] 雅畏无疑是个火山神。埃及的居民没有任何理由崇拜他。"耶和华"这个名字的发音听起来和其他神的名字,如"丘庇特"(Jupiter)、"朱维"(Jove)的词根相似(j 这个字母在德文里的发音和英文里的 y 类似)。我当然不是第一个对这种相似性感到惊奇的人。"约克南"这个名词是由希伯来语的耶和华的一个缩略词组成的——它和德文的 Gotthold(上帝是仁慈的)与迦太基语的同义词 Hannibal 之类的相似性形式相同。约克南这个名字的形式如同"约翰"(Johann,John)、"琼"(Jean)和"胡安"(Juan)一样,现在已经成了欧洲基督教国家最受欢迎的教名。意大利人把它改为 Ciovanni,另外又把每周的某一天称做 Giovedi(星期四),从而表明了某种类似性。这样的类似性可能包容了很多含义,也可能没有什么意义。在这一问题上,许多广泛而又非常不确定的前景展现在我们面前,在历史研究几乎无法探讨的那些模糊不清的世纪里,地中海东部盆地周围的国家似乎是经常发生强烈火山喷发的地区,这肯定会给当地

居民留下了强烈的印象。埃文斯(Evans)设想,那索斯的米诺斯宫殿之所以毁于一旦,也是由于一次地震造成的。很可能跟在爱琴海的大部分地区一样,当时的克里特地区也非常崇拜伟大的母亲之神。火山地震的破坏性结果使得人们认为女神无法保护他的人民的房屋财产免遭更强大力量的攻击,因而,她不得不让位于一位男性神祇。果真如此,那么,火山神就是第一个提出要取而代之的神。宇宙毕竟总是保持"地球滚动者"的称号。几乎毫无疑问,正是在这样蒙昧的时代,母性神们才被男性的神祇所取代(男性神祇最初就是女性神的儿子)。智慧女神雅典娜无疑就是母性神的当地形式,她给人留下的印象尤其深刻,她被那场宗教改革贬为一个女儿,她自己的母亲也被剥夺,并且通过把贞洁强加给她,使她永远不能做母亲。

[58] 在那样一个时期,几乎不存在影响他们的任何其他方法。

[59] [Vergeistigte。见下文,论文三第二部分(三)和脚注。]

[60] 值得注意的是,我们真的很少听说,在几千年的埃及历史中使用暴力除掉或谋杀法老的事。如果把这个事件和亚

述的历史作一比较,我们一定会倍感惊异。当然,也可以用这样的事实来说明事情的原委:埃及历史的编写是完全为官方的目的服务的。

[61]《民数记》(14,33)。

[62]《出埃及记》(32,19)。

[63] 爱德华·迈耶(1906,222)。

[64] [参见福楼拜《圣·安东尼的诱惑》。]

[65]《出埃及记》(3,8)。

[66]《申命记》(13,15)。

[67] 他的颂歌不仅强调神的普遍性和惟一性,而且强调神对所有生物的爱和关怀;这些颂歌还鼓励人们享受大自然中蕴藏的快乐,赏识大自然的美带来的愉悦(布雷斯特德,1934,281—302)。

第三篇

摩西,他的人民和一神教

第 一 部 分

序 言 一

(维也纳,1938年3月前)

怀着一个几乎无所失或完全无所失的人的胆量,我想再一次打破自己久已下定的决心,将我一直压在手上,不想发表的最后一部分注文发表出来,继续我发表在《意象》杂志上的两篇论文[1]中关于摩西的讨论。当我写完第二篇文章时,我曾经说过,我充分了解自己的力量不足以胜任篇末提到的任务。当然,我指的是伴随年老而来的创造力的衰退。[2]同时,我也想起了另外一道障碍。

我们生活在一个特别引人注目的时代,在这样一个时代里,我们惊奇地发现,进步和野蛮结成了同盟。苏维埃俄国已经做出努力来改善至今还受到压迫的成千上万老百姓的生活。当局够勇敢了,他们取缔了人民的宗教"鸦片";他们也够明智了,开始允许人民享受相当程度的性自由。然而,与此同时,当局却迫使人民服从于高压政治并掠夺思想自由的每一种可能性。意大利人民遭受着同样的暴力,他们正在被灌输着所谓责任感和纪律意识。就目前情况而言,我们如释重负地发现,德国的进步思想居然还能够在一切方面向史前的野蛮状态全面退化的背景下产生。不管在哪个例子里,事情发展的结果都是如此:如今,保守的民主党人已经成为文化进步的卫道士;更为奇怪的是,正是天主教会对危及文化的行径展开了顽强的抵抗——而天主教会至今一直是所有自由思想不共戴天的仇敌!正是它自始至终顽固地反对思想自由、抵制任何对真理的向往和发现真理的努力!

我们现在生活在一个在天主教会保护之下的天主教国家,而且尚不清楚这种保护还能够持续多久。但是,只要这种保护在持续,我们自然就会在做有可能引起教会敌意的事情方面犹豫不决。这并不是懦弱,而是谨慎。我们并不想为之服务的新的敌人,比那个我们已经学会了与之周旋的宿敌更危险可怕。在任何情况下,我所进行的精神分析研究,都会受到天主教会的猜疑和警觉。我并不坚持认为这样的做法是很不公正的。如果我们的研究使我们得出一个结论,把宗教贬低成了人类的一种神经症;如果我们像看待个体病人的神经强迫症那样来解释宗教的巨大力量,那么可以确信,我们在这个国家将招致当局的深仇大恨。不是因为我现在并没有什么新的东西要讲,也不是因为四分之一世纪之前我没有将所有的东西表达得清清楚楚[3];而是当时就已经把它忘却了,如果我今天再来重复它,并且从一个为所有的宗教基础提供了标准的实例中予以阐明,那就不可能毫无作用。这样导致的结局很可能是,我们的精神分析活动被禁止、被取缔。对天主教会来说,这类粗暴野蛮的压制手段简直是烂熟于心、得心应手。事实上,如果有人使用这些方法,他会觉得这是冒犯它的特权。和我漫长的一生相伴随,精神分析已经生根发芽、开花结果、无所不在,但迄今为止仍然有一种无家可归的感觉。只是可以告慰的是,在精神分析诞生和成长的这个城市,没有另外一个别的地方能够使它更好地发挥作用了。

我不仅这样认为,而且清楚地知道,这第二个障碍即外部危险将阻挠我发表关于摩西的论文的最后部分。我曾经做过另外的尝试,我一直告诫自己,之所以存在这种恐惧是因为过高地估计了自己的重要性,这样或许能够摆脱困境。那样的话,当局对我要说的关于摩西与一神教起源的话可能是很无所谓、很不以为然。然而,对这一点,我还有些怀疑我的判断。在我看来,在世人眼里,我更可能被看成一个心怀恶意、喜欢危言耸听并制造奇谈怪论的人。因此,我将不发表这篇论文,但这并不妨碍我撰写它。尤其是我在两年前[4]就已经写过,所以,我只需把它稍加修改,并把它附加到前面那两篇论文中去即可。因此,我在这里可以把它悄悄地保留着,直到有那么一天可以毫无忐忑之虞地让它重见天日,或者能够告诉某个得出同样结论、持有同样见解的人:"早在更黑暗的那些年代里,就已经有人像你一样思考过同样的问题。"

序 言 二

(伦敦,1938年6月)

在从事摩西这个人物的研究期间,那些压在我身上的异乎寻常的巨大困难——内心的疑惧和外部的障碍——导致了这第三篇文章(也就是这篇结论性的论文)采用了两个完全不同的序言,这两篇序言相互矛盾,而且确实也相互抵消了。因为在撰写这两篇序言的短暂间歇,我的外部环境发生了急剧的变化。我原来居住在天主教会的保护之下,惟恐发表这篇论文会使我失去那种保护,也害怕在奥地利从事精神分析的实习医生和学生们会失去工作。然后,德国人突然入侵,而天主教则证明(用《圣经》里的话说)是"不可信赖的人或物"(a brokenreed)。由于确信我肯定会受到迫害——这不仅是因为我的思想路线,而且还因我的"种族"——我和我的很多朋友一道,离开了从孩提时代就是我的家园达78年之久的城市。

我在美丽、自由、慷慨的英国受到了最亲切的欢迎。我这个从压迫中解脱出来的人,作为一个受欢迎的客人居住、生活在这里。现在,我可以发出宽慰的叹息了,沉重的负担已经从我身上卸去,我又能讲话和写作了——我差点说成是"和思想了"——正像我所希望做的或所必须做的那样。同时,我也敢于把我研究的这最后一部分公诸于世了。

没有任何障碍存在了,或者至少再也没有令我感到惊慌不安的东西了。在我来到之后的短短几周内,我已经收到了数不清的问候。朋友们告诉我说,他们看到我在这里觉得非常高兴,也受到了一些不相识的和确实是局外人的陌生朋友的问候,他们只是想表达对我在这里获得了自由和安全的欣慰感。除此之外,我还收到了另外一类信件,这些信件常常使我这个外国人感到惊奇。它们很关心我的灵魂的状态,给我指明了基督的道路,并且想启发我关心以色列的未来。用这样一种方式给我写信的那些善良的人们可能对我还不太了解;但是我预计,当我这篇关于摩西的论文在我的新同胞中以译本的形式公开发表时,我将失去许多其他人像现在不少人所表现出来的那种同情。

至于内心的压力,不会因为一场政治革命和居住地的迁移而有什么大的变化。在面对我自己的工作时,我仍然感到难以保持一种愉悦的心境,我时常感到心绪不定,我缺乏那种本应该存在于作者和他的作品之间的整体意识和归属感。这似乎不是因为我不相信我的结论的正确性。早在四分之一世纪之前的1912年,当我开始写作《图腾与塔布》一书时,我就获得了这种信念,而且自此之后我越来越坚信自己的发现。从那个时候起,我就从未怀疑过,宗教现象只有按照我们所熟悉的个体的神经症模式才能理解——宗教现象是人类大家庭的原始历史中早已被忘却的、重要历史事件的复归——正是由于这个根源,宗教现象才获得了其强迫症的特征。相应地,宗教对人类的作用是强制推行它们感到满意的历史真理。只有当我扪心自问,我是否在我选定的关于犹太一神教的这个例子中成功地证明了这些论点时,我的怀疑才开始出现。从一种批判的眼光看,这本以摩西这个人物为出发点的书,就像一个用脚尖保持身体平衡的舞蹈演员。如果我不能在对弃婴神话传说的分析性解释中找到支持的根据,不能由此转向塞林对摩西之死的猜想,整篇论文是无法完成的。不管怎样说,还是让我们冒险干下去吧。

(一)历史的前提[5]

以下所述就是吸引了我们的注意力的那些事件的历史背景。由于第十八王朝的征战,埃及变成了一个世界帝国。这种新的帝国主义反映在宗教理念的发展中,这些宗教理念如果说不是属于全体人民的,它至少也是在统治阶层或起积极作用的上等知识分子阶层中间分享和传播。由于古老北方(赫利奥波利斯)的影响,也许还由于来自亚洲的推动力的强化,一种普通的宇宙神阿顿教应运而生,人们再也不把这种神的观念仅限于一个国家或一个民族。年轻的法老阿蒙诺菲斯四世登上王位之后,便对发展一神信仰产生了前所未有的浓厚兴趣。他把阿顿宗教推动成为国家宗教,并且经由他,这个宇宙神变成了惟一的神;关于其他神祇的那些所有说法和记述全都是欺骗和谎言。怀着庄重而坚定的态度,他反对巫术思想的一切诱惑,并且拒斥埃及人尤其热衷的对死后生活的幻想。类似于后世才出现的科学发现,他认识到地球上的一切生命的根源来自于太阳照射带来的能量,因而他把太阳作为他的神的力量的象征来崇拜。他满腔喜悦地赞美上帝创造的万物,对自己生活在真理和正义之中感到荣耀。

这有可能是人类历史上第一次出现的一神教,也可能是最纯正、最清晰的一次;对其起源的历史的和心理的条件做深入的探索,以洞见其中发挥决定作用的因素,这将具有不可估量的价值。但是,必须小心对待的是,流传下来的关于阿顿宗教的信息资料并不多见。早在埃克赫那顿的优柔寡断的继承者们执政期间,他所创造的一切已经土崩瓦解了。他所压制的祭司们对他的回忆充满了敌意和愤怒;阿顿宗教被废除了,那个被污称为罪人的法老的首都也遭到了毁坏和掠夺。大约在公元前1350年,第十八王朝寿终正寝;在经历了一段时期的无政府混乱状态之后,哈莱姆哈布将军恢复了秩序,并一直统治到公元前1315年。而埃克赫那顿的改革似乎已经成了一段注定要被忘却的插曲。

这就是历史上确立的背景;而现在我们可以开始我们假设的续篇了。在埃克赫那顿的亲信随从们中间,有一个人物名字叫做土特摩西(Tuthmosis),和当时的很多人一样[6],他的名字也叫"摩西"——名字本身并不重要,只是他的名字的后半部分引起了我们的注意。他的地位很高,而且是阿顿宗教的忠实信徒,但是,和那位喜欢沉思默想的国王大不一样,他精力充沛,激情昂扬。对他来说,埃克赫那顿的驾崩和阿顿教的废除意味着他以前所有的希冀都破灭了。如果他继续留在埃及,只能成为一个非法拘留的恶棍和离经叛道者遭到排斥。或许作为边疆省份的首领,他已经跟早在几代人之前就移居过来的某个闪米特部落取得了联系。他一定是在极度的失望和孤独之中转向了这些外国人,并和他们一道寻求对他的损失的补偿。他选择他们作为他的人民,并试图在他们中间实现自己的理想。在他的随从的陪伴下,他与他们一道离开了埃及,此后,通过采纳割礼这个标志,他使他的人民变得神圣化,给他们制定了律法,并且引进了埃及人刚刚抛弃掉的阿顿宗教的信条。摩西这个人给他的犹太人的训诫比他的主人兼老师埃克赫那顿的训诫还要严厉,而且他可能已经摆脱了对埃克赫那顿一直追随的古老北方太阳神的依赖。

我们必须在公元前1350年之后的那段空位期找到出埃及事件发生的具体日子。此后一直到完成对迦南地的占领,这段时间间隔及其中发生的事件尤其难以推测。现代的历史学研究却能够从《圣经》记述留下的(毋宁说是虚构的)模糊难解之中鉴别抽离出两个事实。其中第一个事实是由厄恩斯特·塞林所发现。他认为,即便是按照《圣经》里的记述,那些犹太人也是冥顽不化、难以控制的;他们无礼地对待他们的立法者和领袖,不服从管束。终于有一天,他们造了他的反,不仅杀掉了他这个人,还把他强加给他们的阿顿宗教抛弃掉,正像从前埃及人抛弃它那样。第二个事实是由爱德华·迈耶证实的,他发现,那些从埃及回归的犹太人后来和位于巴勒斯坦、西奈半岛以及阿拉伯之间地带的关系亲近的部落联合了起来,并且在阿拉伯米底亚人的影响之下,在当地一块名字叫做卡代什的泉水四溢的地方,接受了一种新的宗教,即对火山神耶和华的崇拜。此后不久,他们就作为征服者做好了入侵迦南的准备。

这两个事件之间的年代关系以及它们和出埃及的关系,是非常难以确定的。最接近的历史参照是由美楞普塔法老(他在位时间一直持续到公元前1215年)的一块石碑提供的,据碑文记载,关于叙利亚和巴勒斯坦的战斗报告把"以色列"人列入被打败的敌人之中。如果我们把这块石碑的日期作为界限,那么,我们就为从出埃及开始的事件的全部过程留出了大约一个世纪(从公元前1350年后到公元前1215年)的时间。但是,很有可能,"以色列"这个名字和我们正在探究其命运的那些部落无关,实际上,我们还掌握着更长的时间间隔。后来的犹太民族在迦南定居当然不是通过一次征服而迅速完成的,而是经历了坎坎坷坷,花费了相当长的时间。如果我们摆脱美楞普塔石碑加给我们的局限,我们就可以轻而易举地把一代人(30年)的光阴归于摩西时期,[7]而且至少允许两代人,也可能更长的时间,一直过渡到在卡代什进行联合。[8]在卡代什和入侵迦南之间的间隔只需很短一段时间。在前一篇论文中所展示的犹太教的传统,已经具备了足够的理由可以缩短出埃及和在卡代什建立宗教这两件事之间的时间间隔,而相反的情况却正是我们研究的兴趣所在。

无论如何,这些仍然只是历史,是为了填补我们历史知识的空白,而且部分地说是重复了我在《意象》杂志上发表的第二篇论文(即上述论文二)。我们的兴趣在于探究摩西及其教义的命运。由于犹太人起来造反而把摩西及其教义推上了绝路。从《旧约全书》的前几卷作者所做的说明看——这些记载大约是在公元前1000年左右写成的,当然是依据更早的资料写成[9]——我们已经发现,与那次联合以及在卡代什建立宗教相伴随,双方还发生了一次妥协。这次妥协的两个方面至今仍然清晰可辨。一方所关心的是否认耶和华神是个新奇的外来神,并且强烈地要求人们效忠于他;另一方则渴望不要忘记把犹太人从埃及解放出来以及对摩西这个领袖人物高大形象的珍贵记忆。这一方也成功的把所有这两个事实和摩西这个人物引进到史前史的说明中,至少保留了摩西宗教的外部标志——割礼,而且在使用新神的名字方面还可能提出了许多限制。正如我们已经谈到的,提出这些要求的是摩西的追随者即利未人的后代,他们与同时代、同胞分离的时间只有几代,仍然保留着对他的活生生的记忆。我们把用诗歌般的语言渲染的解说先是归因于耶和华的信徒们,后来归因于他的对手埃洛希斯的追随者们。这些解说就像一些墓碑,人们对那些早期事件——即关于摩西宗教的实质以及这位伟人的暴死——的真实记录,不仅在后代人的记忆里被逐渐忘却,而且最终在这些墓碑下面永久地长眠了。如果我们对已经发生的事情做出了正确的猜测,那么就没有什么令人困惑的事情遗留下来;然而,这可能预示着犹太人历史中关于摩西这一插曲的最后结局。

然而,值得注意的是,情况并非如此——在以后的岁月里,对犹太人那段经历的最强大影响就表现了出来,并在许多世纪的发展过程中变成了现实。在性格特征上,耶和华可能同周围民族和部落的诸神祇有很大的不同。事实上,耶和华甚至和他们进行过斗争,就像那些民族自己相互争斗一样。但是,我们由此不能认为,在那时,耶和华的崇信者们竟然能够想要否认迦南、莫阿布(Moab)或阿马利克(Amalek)等神祇的存在,更不能否认信仰这些神祇的民族的存在。

由于埃克赫那顿而星火燎原般燃起的一神教观念再次陷入黑暗沉闷之中,并且要在黑暗中等待很长时间才能浮现出来。正好在这个时刻,尼罗河第一大瀑布下方的埃勒芬廷(Elephantine)岛上所发现的东西,给我们提供了令人惊喜的信息:正是在那个地方,犹太人的军事殖民地已经定居了好几个世纪;更重要的是,在他们的神庙里,除了主神耶和华之外,还有另外两位受到崇拜的女神,其中一个名字叫做安纳特—耶和华(Anat-Jahu)。这些犹太人确实是从他们的祖国分离出来的,并且没有参与那里的宗教发展活动;(公元前5世纪时)埃及的波斯人政府向这些犹太人传达了从耶路撒冷发布出来的关于宗教信仰和神祇崇拜的新规定。[10] 回头看看更早的时代,我们可以说,耶和华神与摩西理所当然毫无相似之处。阿顿和他在人世间的代表——或者,更确切地说,他的原型——埃克赫那顿法老一样,是一个和平主义者,当他的祖先征服过的世界帝国分崩离析时,他只能消极被动地袖手旁观,眼睁睁地看着它颓然倒塌。毫无疑问,对于一个随时准备用武力去占领新的国土的民族来说,耶和华是比较合适的。而应当得到仰慕的摩西神的一切,则完全超出了原始民族所能理解的范围。

我曾经谈到过——而且,在这一点上我很高兴能够表示赞同其他作者的意见——犹太宗教发展历程中的关键事实是,随着时代的演进,耶和华神逐渐失去了本身的独特性,他在很多方面越来越类似于摩西的古老的神祇。事实上,这种差别依然存在,人们往往一眼看去就能够看出哪些差异更重要;对这些差异做出解释也是比较容易的。

在埃及,阿顿的统治开始于这样一个幸运的时期:阿顿确定了自己的属地,甚至当帝国岌岌可危时,他的追随者仍然能够排除一切干扰,继续颂扬和赏识他所创造的一切。犹太人命中注定要经历一系列重大的令人心痛的苦难事件,要经受严峻的考验;他们的神由此变得苛刻而严厉,而且,正如他曾经表现过的那样,无精打采、意志消沉。他仍然保持着作为宇宙神的那些特征:统治所有的国家和人民,是惟一神。而在事实上,人们对它的崇拜已经从埃及人转到了犹太人那里。这个事实以附加的信条表现了出来,即犹太人是他选定的子民,他们所尽的特殊的义务最终也将会得到特殊的奖励。在这个过程中,让经历了悲惨和不幸命运的这个民族去驯顺地相信他们被万能的神所青睐、所选中,恐怕不是件容易的事。但他们并不允许自己被这些怀疑和迷惑所动摇;他们却加深了自己的负罪感以便压制他们对上帝的怀疑,或许就像当今时代虔诚的教徒所做的那样,把这种疑惑当成了"上帝奥妙难解的教令"。惟一使他们感到困惑的是,上帝竟然容许接踵而来的入侵者——亚述人、巴比伦人、波斯人——起来推翻和虐待他们。当然,当他们发现所有这些邪恶的敌人都逐一被征服,敌人建立的帝国也被摧毁时,他们便重新认识到了他的威力。

后来,犹太人的神祇在三个重要的方面终于和古老的摩西神趋于类似。第一个方面,也是决定性的方面就是,他被真正地承认为是惟一的神,除了他之外,任何别的神祇的存在都是不可想象的。整个民族都严格认真地遵从埃克赫那顿的一神教。的确,该民族如此忠信于这一观念,以至于他们把它当做理智生活的主要内容,并且对别的事情不再感兴趣。其中,占支配地位的民族和祭司阶层一致赞同这一点。但是,由于祭司们不遗余力地试图建立崇拜上帝的仪式,他们却发现在人民中间流行的强烈思潮与此背道而驰:人民想要复活摩西关于他的上帝的另外两种教义,先知们总是孜孜不倦地宣称,上帝蔑视所有的仪式和牺牲,只要人们信仰他,并在真理和正义中生活。而且,当他们赞美摩西在荒野中生活的简朴和神圣时,他们实际上是受着摩西理想的影响。

现在,应该是我们提出下列问题的时候了:是否有必要认为,由于摩西的影响,最终促成了犹太人上帝观念的形成?是否还不足以断定,在许多世纪的文明生活中,犹太人曾经有过向更高精神境界自然发展的过程?这有可能结束我们所有的困惑和猜疑。对此,我可以做两点说明。第一点,它什么也没有解释。就希腊的情况而言——毫无疑问,这是一个极其睿智的民族——同样的情况下却没有导致一神教的诞生,反而导致了多神宗教的出现和哲学思想分化的开端。在埃及,就我们所能够理解的情况看,一神教是作为帝国主义的一种副产品而成长发展起来的:上帝是作为一个伟大帝国的绝对统治者法老的反映。对犹太人来说,政治条件很不适合于从一个排他性的民族神的观念发展为世界的普遍统治者的观念。但这个柔弱无力的民族何以敢傲慢地宣称自己是伟大上帝的宠儿呢？一神教起源于犹太人这个问题就这样成了未解之谜,否则我们将不能满足于一个常见的说法:这是该民族宗教天分和特性的表现。众所周知,天才是不可理解也是难以说明的问题,因此,我们不该把这个说法当成一种解释,除非解决该问题的所有出路都已经破灭了。

此外,我们还发现另外一个事实,犹太人的记载和历史中都非常明确地强调指出,只有一个上帝的观念是由摩西给予犹太民族的,这些历史记载给我们指明了道路。这一次,他们自身没有发生矛盾。如果对这种主张的可信度还有反对意见的话,那么可以说,他们发现祭司们在对《圣经》进行修改时把过多的东西追溯到了摩西那里。宗教仪式无疑是以后年代形成的习俗,也被说成是摩西制定的律令,这样做的意图显然是为了增加其权威性。这当然使我们有根有据地表示怀疑,只是还不足以提出反对意见或抛诸脑后。然而,这种夸张的更深切的动机是显而易见的。祭司们的叙述寻求的是在他们所处的时代和远古的摩西时代之间建立某种连续性;寻求能够否认我们已经描述过的关于犹太人宗教历史的那些令人心惊的事实:即在摩西赋予犹太人法律和后期的犹太宗教之间存在着一条鸿沟——这条鸿沟起初是由对耶和华的崇拜而被填平,随后才逐渐地被掩盖下来。因为在对《圣经》文本进行特殊处理时,已经有过多的证据证实这一判断的正确性,但是,却有人千方百计地否认这些事件的发展过程。在这里,祭司们的修订和把新神耶和华变成族长式的神的那种动机同样具有歪曲、扭曲的特征。如果我们把制定祭司法典的那些动机也考虑进来,我们将会发现,我们不能不相信,摩西确实把一神教的观念亲自传给了犹太人。我们更应该完全赞同这样的看法,因为犹太教的祭司们迄今都不知道摩西是从哪里获得这些观念的,而我们却可以给出一个明确的答案。

这里可能有人会提出这样一个疑问:我们把犹太一神教的源头追溯到埃及一神教那里能够得到些什么呢?它只不过是稍微把这个问题往后推了一步而已:它所告诉我们的只不过是一神教的根源所在。对这样的问题,不在于非要获得答案不可,而在于要进行研究。如果我们发现了这件事情的真实过程,我们也许可以从中了解到某些东西。

(二) 潜伏期和传说

因而,我们承认这样一种信念:只有一个神的观念,对于以这个神的名义所做的巫术般有效的仪式以及对于伦理需要的强调,实际上都是摩西的正统戒律。当初,人们对这些戒律并没有给予足够的重视,只是经过了相当长的一段时间之后,它们才开始发生作用,并最终永久性地建立起来了。我们怎么来解释这类迟到效应的出现?我们什么时候才能碰到类似的现象呢?

我们立即想到,在大多数情况下,这类事情在各种各样的领域中并非不常见,它们可能以多种多样的方式出现并或多或少地易于理解。我们不妨以一种新的科学理论为例子来阐明我们的观点。拿达尔文的进化理论来说,这个理论刚刚出现,就遭到了令人痛心的排斥,经受数十载的猛烈抨击和粗暴否认;但是,经历了不到一代人的时间之后,它就被认为是通向真理道路的一次飞跃。达尔文本人也获得了安葬于威斯敏斯特教堂墓中并立碑的荣誉。诸如此类的例子,令我们没有什么可疑虑的。新的真理往往会引发情绪上的反抗;这些情况会表现在争论中,在这些争论里,支持尚未普遍流行理论观念的证据易于遭受反驳和拒斥;不同理论观点的斗争会持续相当长的一段时间;理论斗争一开始,就有追随者和反对者两方;前者的数量和分量持续不断地增加,直到最后终于占了上风;在整个斗争过程中,它所关注的主题却从未被忘记过。我们很少感到惊奇,事件的整个过程竟然占用了如此长的时间;我们可能并不怎么赏识这样的看法:我们所关注的是一个群体心理学的过程。

我们可以轻而易举地发现,个体的心理生活与这种群体心理生活恰好存在着相类似的地方。如果一个人听到了某个事物,他应当根据某些证据判别它的真实性;但这个事物与他的某些愿望相背离,并且对它曾经非常珍视的某些信念也是一种打击和动摇。在这种情况下,他会犹豫不决,会寻找能使他怀疑这件事真实性的理由,并且要在内心自我斗争一番,最后他承认:"事情的确如此,尽管对我来说要接受它、相信它并不容易甚至非常痛苦。"我们从中学到的只不过是:对自我来说,要克服由强烈的感情宣泄所保持的障碍,需要花费相当长的时间来思考和推理。然而,这个案例与我们正力图理解的案例之间并无太大的相似性。

我们要看的下一个案例看来与我们的问题更少共

同之处。这类例子可以发生在某种恐怖事件的体验——比如说,经历了火车相撞事件——上,在这个事件中,某个当事人侥幸完好无损地存活下来。然而,在随后的几周里,他逐渐出现了许多严重的精神不适和运动障碍,而这些症状只能追溯到那次事件中受到的恐惧和惊骇中。也就是说,他现在患上了一种"创伤性神经症"。这是一个新的、相当不可理喻的事实。从那次事故到这种症状首次出现的这段时间,称之为"潜伏期",这种描述用语明显地暗示着传染性疾病病理学的某些东西。通过审慎思考,我们会惊奇地发现,除了这两种情况——创伤性神经症与犹太一神教——之间存在的基本差异之外,两者毕竟还有一点十分一致。那就是,两者均存在可以描述为"潜伏期"的一段时间。根据我们已经确定了的假设,在犹太教的历史上,在脱离摩西教之后曾经有相当长的一段时期。在这段时期里,没有发现一神教思想的任何痕迹,也没有对仪式的轻蔑或对伦理道德的强调。因此,我们可以坦然地接受这种可能性,即,对我们的问题的解决之道,会在特殊的心理学情境中找到。

我们已经多次描述过发生在卡代什的事件:后来成为犹太民族的两部分人走到了一起,共同接受一种新的宗教。一方面,在那些曾经生活在埃及人们心目中,对出埃及事件以及对摩西这个人物的记忆是如此强烈和鲜明,以至于他们要求在早期时代传统的影响下进行联合。他们可能就是与摩西本人相熟相知的那些人的子孙后代,他们仍自认为是埃及人并拥有埃及人的姓名。但是,他们也有足够的动机来压抑住对他们的领袖和立法者所遭遇命运的记忆。犹太民族的另一部分具有一个决定性的目的,那就是美化、荣耀这个新神,并否认他的外来性。这两部分人同样感兴趣的是否认他们早期拥有过自己的宗教,并否认这种宗教内容的本质。由此产生了第一个协议,不久后该协议可能已经记录在案。

从埃及回来的那部分人带来了文字书写,也带来了写作历史的愿望,只是经过了很长一段时间才使历史的写作实现了不歪曲事实真相的承诺。起初,历史的写作及其解说,无所顾忌地服从当时的需要和目的,仿佛人们还没有认识到伪造这个概念似的。这种情景导致的结果是,关于同一事物的文字记录与口头传承即传说之间经常不一致。完整地保留于传说中的东西却被书面记载省略了或更改了。传说既是历史记录的重要补充,同时又与历史记录相矛盾、相冲突;它较少受到歪曲目的的影响,或者在某些方面根本不存在歪曲的意图。因此,传说可能比文字记载下来的东西更真实。然而,口头传说的真实性往往受到以下事实的削弱:它比书面记录更不稳定、更不明确,在通过口头交流由一代人传给另一代人的过程中,更易于受到更改和变动。像这类的传说很可能会遭遇各种不同的命运。我们预料,最有可能发生的一种情况是,传说被书面文字排挤,它处于劣势,难以与书面记载相抗衡,它会变得越来越模糊不清,以至最后被人忘却了。但它也可能遭遇其他的命运,其中一种可能是,传说本身最终成为一种书面记录的东西,即口头传说最后被记载下来。随着我们讨论的展开,我们还将要提到其他一些可能性。

我们正在研究的犹太宗教史中的潜伏期现象,可以用以下情景来解释:由所谓"官方史学家"别有用心地否认的那些事实和观念实际上并没有消失。有关这些事实和观念的信息一直在该民族老百姓的传说中存活着。事实上,的确存在着一种关于摩西最终命运的传说,这个传说与官方的说法正好相反,但却更符合历史真实。这一点,塞林已使人确信无疑。同样地,我们也可以设想,正如摩西本人的故事以及摩西宗教的某些内容不被他的同时代人所接受一样,当时显然已不再存在的其他一些事情也应作如是观。

这里,我们面对的显而易见的事实是,这些传说在数百年的流传演变过程中不是随着时间的流逝变得日趋衰微,反而变得越来越强大,并且在官方记录的后期修正成果里占了一席之地;最后,它表现得如此强有力,以至于会对该民族的思想和行为产生决定性的影响。然而,使这样一种结果成为可能的那些决定因素,的确超出了我们目前的知识范围。

这个事实如此值得关注,以至于我们觉得应该对它重新审视一下。我们的问题就包含在里面。犹太民族抛弃了摩西带给他们的阿顿宗教,转而崇拜另一个与其邻近民族的巴利姆(Blim)神几乎没有什么区别的神。从此以后,所有的企图和努力都没能掩饰这一耻辱的事实。然而,摩西宗教并没有消失得无影无踪;有关它的一些记忆依然存活下来,尽管这可能是一种被掩饰、被扭曲的传说。恰恰是这一关于昨日辉煌的传说在继续发挥着作用(事实上,它的确在背后起作用),逐渐在人民的心理生活中产生日益重大的影响,终于把耶和华神变成了摩西神,并复活了早在几个世纪之前就已经引进来、却又在后来被抛弃的摩西宗教。这样一种几乎被忘却的传说竟然能够对一个民族的心理生活产生如此重大的影响,这对我们来说确实是件不太了解的事。这里,我们发现自己处在了群体心理学的领域里,对这个领域的问题我们尚不能应付自如。我们将会找寻那些可以类比的领域和事物,探究那些至少具有类似性质的事实,即使这些事实属于不同的领域。我相信,这类事实是能够找到的。

在那段时期,犹太人中间复活摩西宗教的活动尚处在准备阶段,而希腊人却发现自己贮藏着格外丰富的部落传奇和英雄神话。人们相信,在公元前 9 世纪或公元前 8 世纪就出现了两部荷马(Homer)史诗的"蓝本",荷马史诗就是从这些传奇和神话中汲取材料的。如果具备了我们今天的心理学视野,我们早就应该在施利曼(Schliemann)和埃文斯(Evans)之间提出这样一个问题:希腊人是从哪里寻到所有这些材料的(荷马本人和雅典戏剧家们的杰作就是在对这些材料进行加工之后产生的)?答案应当是,这个民族很可能在其更早的史前史中经历过一段对外业绩辉煌、对内文化繁盛的一段时期,只是在后来的历史发展中遭遇到了巨大的灾难;但是有关那段黄金岁月的含混不清的传说却在这些传奇中存活了下来。今天,我们的考古学研究已经证实了这个猜想。这在过去当然被认为是太离奇、太狂妄的奇怪念头。这些研究已经发现了有关米诺斯——迈锡尼文明(Minoan-Mycenaean Civilization)的证据,这种令人难忘的文明在公元前1250年前的希腊本土上就已经走向终结。在以后的时代里,希腊历史学家中几乎没有人提到过它。至多有一些迹象显示,克里特人曾经统治过海洋一段时间,还有人提到过米诺斯国王和他那座著名的迷宫。这就是内容的全部了,此外再没有什么东西保留下来。而这些传说,恰恰被诗人们抓住并利用了。

其他民族——日耳曼人、印度人和芬兰人——的民族史诗也开始出现了。研究和确定这些民族史诗是否如我们设想得那样与希腊史诗有着同样的起源和决定因素,这是文献史学家的任务。我相信,这种研究产生的成果会是积极的、肯定的。这里有一个我们认可的决定因素:在史前史之后,随即出现了大量重要而丰富多彩的内容——这些内容通常是英雄业绩——但是,它们出现的时代如此遥远,以至于只有一些模糊不清、残缺不全的传说留传给后代人。古老的材料已经散失殆尽,而那些后来发生的事件却又以历史记载的形式取代了远古的传说。在我们当今时代,即便是最伟大的英雄行为也不能激发出任何英雄史诗,即便是像亚力山大大帝(Alexander the Great)那样的伟人也有权抱怨说,他再也找不到像荷马那样的大诗人来为自己歌功颂德了。

过去那些久远的年代对人的想象力具有伟大而令

人迷惑的吸引力。每当人类对其所处的环境不满——这是常常发生的情况——时,他们便回想过去,并希望他们现在能够证明一个令人难以忘怀的黄金时代梦想的真实性。[11]他们可能仍然处在童年时代的魔力之下,人类不偏不倚的记忆使他们把童年时代当做一个无拘无束的欢乐时光。

如果所有那些遗留下来的关于过去的东西——我们称之为传说——是不完全的、混乱的记忆。那么,这些东西恰恰对艺术家具有非凡的吸引力。因为,只有在这种情景下,他才能根据他的自由的想象力来填补那种记忆留下的空白,按照他的意愿再现出往日传奇故事的图画。我们可以这样说,传说本身越是模糊不清,它就对诗人越有用处。因而,我们不必惊奇,传说对于富于想象力的诗作来说是如此地重要。通过把我们的论题和决定史诗的这些方式作类比,我们就更倾向于接受下面这个看似奇怪的假说:对于犹太人来说,正是关于摩西的传说,才把对耶和华的崇拜转化成了对古老的摩西宗教的崇拜。然而,在其他一些方面,这两个案例还有很大的差别。前者的结果是一种宗教,而后者的结果是一首诗歌;在前一种情况下,我们已经假定,它只是在传说激励之下对昨日黄花的忠诚再现,而对史诗来说则提供不了可以相匹的东西。因此,我们的问题还没有解决。这足以说明,还需要作更适当的类比。

(三)类比

对我们业已在犹太教历史中发现的那些著名事件的进程来说,惟一令人满意的类比显然存在于一个遥远的领域之中;然而,这一类比却十分完满,而又切近一致性。在这一类比中,我们又一次遇到了潜伏期这一现象,即把一个早期出现、而后来被忘却的事件解释为一个必要的决定因素,这是一种不可理解的表象对解释的呼唤。同时,我们还发现了强迫症——它支配着人的心理活动,并伴随着对逻辑思维的压制——的一个特征,而史诗的诞生对这一特征却只字未提。

这种类比在心理病理学中就能够见到。这是人类神经症产生的基质,也就是说,是属于个体心理学的一个领域,而宗教现象理所当然应当被看做是群体心理学的一部分。我们将会看到,这一类比并不像开始人们设想的那么令人惊奇。实际上,它更像一条基本原理似的东西。

对于那些早期经历过、而后来被忘却的印象,我们称之为创伤,并认为,这种创伤是神经症病因学上意义非同小可的因素。这里,对于神经症是否一般意义病因学上的创伤这一问题,我们可以暂时搁在一旁。对这种观点的反对意见认为,不可能在每一个病例中都能找到神经症患者早期生活史中的明显创伤。我们必须常常使自己顺从这样一种说法,即我们面对的都是对于影响每个人的经验和需要的不合常规的、变态的反应,而这些反应经由其他人用别的方式处理就成了所谓正常的了。除了遗传性和体质性倾向之外,当我们再也找不到更为方便的途径和理由来解释某种神经症时,我们自然而然忍不住说:这种症状不是获得性的,而是发展出来的。

但是,在这个问题上有两点必须强调指出。第一点,神经症的根源总是能够追溯到童年时代的早期印象。[12]第二点,确实还有一些情况可作为"创伤"区别开来。因为它们的效果可以毋庸置疑地追寻到早期时代某一种或许更强有力的印象上去。可以确定这些印象是没有得到正常处理的。所以,人们倾向于认为,假若这些印象没有出现,也就不会出现神经症;假如我们一定要把正在探讨的这种类比仅限于这些创伤性的情况,这也足够满足我们的目的了。当然,这两种情况之间的界限并非不可逾越。这两种病因学的决定因素如果统一在一个概念之中也是完全可能的;这只不过是一个如何为"创伤"下定义的问题而已。我们还可这样假设,只是由于某种数量因素的作用,经验才获得创伤性的特征。也可以说,在任何情况下都是因为对某种不同寻常病理反应的经验提出了过高的要求。这样,我们就很容易地姑且认为某一种事物在一种体质中可引起创伤;在另一种体质中就没有这种效果。所以,所谓浮动的"补充系列"概念便以这种方式产生了。其中,这一种病理要求是由两种因素结合起来而满足的。一种因素的减少,被另一种因素的增加所替代了;通常情况下,这两种因素共同发挥作用。只是在该系列的两端,才有单一动机在起作用。讲到这一点,我们就可以把创伤性与非创伤性病因学确定为与我们正在探讨的这种类比有关。

尽管冒着某种重复的危险,我们还是可以把这些对于类比构成十分重要的事实集中到一起来的。实际情况如下,我们的研究业已证明,人们所说的神经症症状是那些体验和印象的结果。这种结果被视为造成病因学创伤的原因。现在我们面前还摆着两个任务要去完成:(1)发现这些体验的共同点;(2)找出神经症症状的共同特征。我们这样做的同时还需做些简略的描述。

(1) ① 所有这些创伤都发生在幼童时期,一直到大约5岁左右。一个孩子开始呀呀学语时的印象往往突出出来而具有特别的意味。两岁和4岁之间这一时段似乎最为重要;我们还没有把握确定,这个感受性的阶段是在出生之后多久开始的。② 一般地说,这些体验完全被遗忘了,它们不被记忆所接受,应属于婴儿期记忆缺失阶段,这一阶段通常会被少数不同的记忆痕迹所打断,这些痕迹就是所谓"掩蔽性记忆"。[13] ③ 它们和性以及攻击性本质的印象有关,无疑也和对自我的早期伤害(自恋的伤害)有关。在这一方面,应该注意,这样小的孩子还不能像他们后来所做的那样明显地区分性活动和攻击性活动(参较在虐待意义上对性活动的误解[14])。当然,这种性因素占据主导地位是很令人吃惊的,需要从理论上给予考虑。

这三个要点——这些经验的最早期(在人生的最初五年中)表现,这些经验被遗忘这个事实以及它们的性欲的和攻击性的内容——是紧密相连的。这些创伤或者是患者自己的亲身体验,或者是感知觉,大部分是对耳闻目睹事情的感知——也就是说,是体验或是印象。这三个要点之间的相互联系是靠一种理论建立起来的,该理论是分析工作的产物,而分析工作本身就能使人了解到那些被遗忘的经验,或者更生动地但也许不那么确切地说,把这些经验带回到记忆中。与流行的观点相反,该理论认为,人类的性生活(或以后与它相对应的事物)显示出在早期有一段全盛期,这一全盛期大约在5岁时结束,紧跟其后的是所谓潜伏期(一直到青春期),在此期间性欲没有进一步的发展,已经获得的东西反倒确实经历了一次退行。这一理论已经得到了关于内部生殖器发育的解剖学研究成果的证实;它引导我们设想,人类是从5岁便达到了性成熟的某个动物物种演变而来的;而且它还引起人们猜疑,人类性活动的推迟及其二相攻击效果(即表现为两次高潮)与成为人类的过程密切相关。看起来人类是惟一具有潜伏期和这种性推迟的动物有机体。关于灵长类动物的研究(据我所知,这种研究尚未进行过)对于检验这种理论是必不可少的。婴儿期记忆缺失阶段与性欲的这一早期阶段的一致性,在心理学上绝不是一件无关紧要的事情。或许这种事态为发生神经症的可能性提供了真实的决定因素,在某种意义上说神经症便成为人类的一种特权。从这种观点来看,就像我们身体解剖的某些部分一样,神经症是原始时代的一种遗迹——一种存活下来的残存物。

(2)关于神经症现象的共同特点或独特之处,有两个要点必须强调:① 创伤的作用有两种,积极的和消极的。前者是想使创伤再次发挥作用——就是说,要记住被遗忘的经验,或者更确切地说使它变成现实,重新体验一次;或者,即使它只是一种早期的情感关系,在与另一个人的类比关系中也要使它复活过来。我们把这些努力统称为对创伤的"固着"和一种"强迫性重复"。可以把它们合并到所谓正常自我中去,作为其中的一些持久倾向,它们可以赋予自我不可改变的性格特征,尽管,或更精确地说是因为,它们的真实基础和历史根源被遗忘了。因此,一个男人在他的童年时代过度地依附母亲,而现在已把这种依附关系遗忘,那么这个男人可能花费毕生的时间寻找一个可以使自己有所依赖的妻子,这样他就可以努力得到妻子的供养和支持。一个在其童年早期被诱奸过的少女可能会以经常地引起人们对她类似的攻击来指导其以后的性生活。可以很容易地猜测到,从关于神经症问题的这些发现中,我们可以深刻地理解性格形成的一般过程。创伤的消极反应则遵循着相反的目标:被遗忘的创伤中什么东西也不会回忆起来,任何事件也得不到重复。我们可以把它们统称为"防御性反应"。它们的主要表现方式就是所谓"回避",这些反应可能会加强成为"抑制"和"恐怖症"。这些消极的反应也会对性格的形成产生极大的影响。基本上可以说,和它们的对立面一样,创伤的消极作用也是对创伤的固着,只不过它们是有着相反目的的固着。在更狭隘的意义上说,神经症症状就是一些妥协,其中由创伤引发的这两种倾向结合在一起。这样,时而这种倾向,时而另一种倾向轮流表现出它们的支配作用。这两种反应之间的这种对立作用往往会引起矛盾冲突,而在事件的正常过程中不能最终解决。

② 所有这些现象、症状、对自我的限制和稳定的性格变化都有一种**强迫性**的性质:就是说,它们具有很大的精神强度,同时它们对其他心理过程的组织表现出一种深远的独立性,而其他心理过程已经适应了外部现实世界的要求并遵从逻辑思维的规律。它们(这些病理现

象)并不足以或一点也不受外部现实的影响,并不注意它或它在精神方面的代表,这样它们可以轻而易举地与这两个方面形成积极的对抗。你可以说,它们是一个国中之国,一个令人难以接近的团体。与它们合作是不可能的,但它们可以成功地克制住所谓正常的方面,并强迫它为自己服务。如果这种情况发生了,就意味着内部精神现实取得了对外部世界现实的统治权,通往精神病的道路便打通了。[15]即使事情并未发展到如此地步,这种情境的实际重要性也是不可低估的。对那些受神经症支配的人的生活的抑制,以及他们在生活方面的低能便构成了人类社会中一个非常重要的因素,我们可以在他们的状况中识别出他们对过去某一早期阶段进行固着的直接表达。

现在我们不妨来探讨一下潜伏期,从类比的观点上看,潜伏期必定是一个令我们特别感兴趣的问题。童年期的某一创伤可能会立即引发神经症,即一种童年期神经症,同时伴随着大量防御性努力和症状的形成。这种神经症可能会持续相当长时间,并引起明显的紊乱,但是它也可能经历一段潜伏的过程而被人们忽视。一般来说,防御在其中占了上风,和伤疤相比,无论自我怎样变化,[16]它总是要保留下来的。童年期神经症毫无阻碍地继续进入成年期神经症,这种情况极少发生。更经常发生的是,它成功地经历了一段显然不受干扰的发展时期——这是一段由于生理潜伏期的干预所支持或使之成为可能的发展过程。直到后来才发生了变化,伴随着这种变化,已经确定下来的神经症才明显地表现为创伤被推迟了的结果。这发生在进入青春期或青春期稍后。在前一种情况下,神经症之所以发生,是由于生理成熟而被加强了的本能,现在能够重新进行最初曾被防御作用所打败了的那场斗争。在后一种情况下,神经症之所以发生,是由于防御所带来的自我的反应和变化被证明是对付新的生活任务的一种障碍。这样,剧烈冲突便在真正的外部世界和自我的要求之间发生了,自我则寻求保存它费尽千辛万苦才在防御斗争中获得的组织作用。在对创伤的第一次反应和以后疾病的发作之间的神经症潜伏期现象,必须被看做是典型的。后来发生的这种疾病也可以被看做是一种想要治愈的努力,看做是力图再次与被创伤的影响所击碎的自我的其余部分和解,并把它们结合成为一个与外部世界相对立的强大整体。然而,除非分析工作对它提供帮助,这种努力却很少成功,即使这样也并非总能成功;它经常是以自我的完全破坏和分崩离析而告终,或者最终被早期分裂出去并且现在仍受创伤支配的那一部分所压倒。

为了说服读者,我们有必要对众多神经症患者的生活史做些详细报道。但是,鉴于这一主题非常混乱和困难,因此,这样做就会完全毁掉这本著作的特色。本书就会变成一种关于神经症理论的专著,而且即便如此,很可能只对少数把研究和实践精神分析选定为毕生事业的读者有影响。既然我在这里是和更多的读者讲话,我只能请求读者们暂时信任我以上所做的简略说明;而且在我这一方面,我必须承认,只有当这些理论的基础被证明是正确时,我才引导读者去接受该理论的引申之意。

不管怎样,让我来尝试讲述一个单一的病例。这一病例能特别清楚地展示我已经提到的那种神经症的特征。当然,我们一定不要指望一个病例就能说明一切情况,而且,如果其主题远离了我们正寻求类比的那个题目,我们也不必感到失望。

就像在中产阶级家庭里经常发生的情况一样,一个小男孩在出生最初几年里与他的父母同居一室,在他几乎还没有学会讲话的年龄,他就经常有机会观察到他的父母之间的性活动——看到某些事情,听到的就更多了。在他第一次自发遗精之后立即发作的神经症中,最早期和最麻烦的症状是睡眠障碍,在夜间他对噪声格外敏感,而且他一旦被惊醒,就再也无法入睡。这种睡眠障碍其实是一种折衷症状。一方面,这是他抵抗他在夜间所经历过事情的一种防御表现;而另一方面,是力图重建那种觉醒状态,以便在这种状态中倾听到那些印象。

由于这些观察,这个孩子产生了一种早熟的男子气势的攻击性,他开始用手抚弄他的小生殖器使之兴奋起来,还多次试图对他的母亲进行性攻击,以便使自己与父亲认同,把自己放到了父亲的位置上。这种情况一直持续到他的母亲终于禁止他玩弄生殖器,而且还吓唬他说,她要告诉他的父亲,而他的父亲将以摘掉这个邪恶的器官以示惩罚。这种阉割的威胁对这个小男孩产生了一种异常强大的创伤性影响。他放弃了性活动,并且改变了性格。他不再使自己与父亲认同,而是害怕他,对他采取了一种消极的态度,并且通过偶尔的淘气,惹他实施肉体的惩罚;对他来说,这样做有一种性的意义,这样做他就能够使自己和他那受虐待的母亲认同。他越来越依恋他的母亲,仿佛一刻没有她的爱,便活不下去似的,因为他在母亲的爱中看到了一种保护作用,以抵御其父亲以阉割相威胁。在这种经过改变的俄狄浦斯情结中,这个小男孩度过了他的潜伏期,他没有受到任何明显的障碍,他成了一个好孩子,而且在学校里也相当成功。

迄今为止,我们已经追溯了创伤的直接作用,而且证实了潜伏期这个事实。

伴随着青春期的到来,产生了明显的神经症,并且表现出第二种主要症状——性无能。他已经丧失了阴茎的敏感性,不想再触摸它,也不敢为了性目的而去接近女性。他的性活动仅限于精神性手淫,伴随着施虐狂——受虐狂的幻想,在这种幻想中不难识别出他早期所观察到他的父母性交的后果。随着青春期所带来的这种被加强了的男子气概被用做对父亲的强烈仇恨和反抗。父子关系发展到了极端,以至于他不在乎陷入自毁的深渊;这种关系也是他在生活中失败以及与外界发生冲突的原因。他必须在职业上失败,因为是他的父亲强迫他接受了这一职业。而且他也不交任何朋友,也从未和上司保持过良好关系。

在这些症状和无能的负担之下,在他的父亲去世之后,他终于娶了一个妻子。这时,在他身上出现了一些性格特质,仿佛这些性格特质就是其存在的核心,这使他与周围的人建立联系成为一项艰巨的任务。他形成了一种完全自我中心、专横而野蛮的人格,这种人格使他清楚地感到有必要压制和侮辱其他人。这是对他父亲的一种忠实的拷贝,因为在他的记忆中已经形成了父亲的形象;就是说,重新复活了对其父亲的认同作用,这种认同作用在他过去还是小孩子的时候就出于性的动机而表现出来。在本故事的这一部分,我们认识到了被压抑的事物的回归(在创伤的直接后果和潜伏期现象的讨论中),我们已经把这种回归描述为神经症的基本特征。

(四) 应用

早期创伤—防御作用—潜伏期—神经症发作—被压抑事物的回归。这就是我们为神经症的发生发展所列出的公式。现在请读者进一步设想,在人类的生活中曾出现过某种事情,它和个体生活中所发生的事情类似:就是说,假设这里也发生了一些具有性攻击性质的事件,这些事件产生了持久的后果和影响,但是绝大部分被避开了,而且被遗忘了,经过一段漫长的潜伏期之后,这些事情又重新发生作用,并且在其结构和目的上产生了类似于神经症症状的现象。

我们相信,我们能够猜测到这些事件,而且我们想要说明,宗教现象就是它们与神经症症状相类似的结果。由于进化论观点的出现,人们不再怀疑人类有一段史前时期,而且由于这是人们所不知道的——就是说,被遗忘了,这种结论几乎具有一种公理的分量。当我们听说在这两种情况下这些有效的而且被遗忘的创伤与人类大家庭的生活相关时,我们可以同意这是一个非常受欢迎的,未曾预料到的额外收获。对此,我们的讨论到目前为止尚未涉及。

早在四分之一世纪之前,我在《图腾与塔布》(1912—1913)一书中就提出了这些主张,在这里我只需重复一下那些话。我的构想起源于达尔文(Darwin,1871,2,362页以下)的一段声明,并且采纳了阿特金森(Atkinson,1903,220页以下)的一个假设。这些观点认为,在原始时代,原始人过着小型游牧部落的生活[17],每一个部落都有一个强有力的男性统治者。我无法确定这段时期的具体日期,它也不和我们所知道的地理时代同步,很有可能这些人种还在语言方面没有大的进展。这种构想的一个基本方面是假设,即假设打算描述的这些事件在所有原始人身上都出现过——也就是说,在我们所有的祖先身上都出现过。这个故事是以相当精炼的形式讲述的,仿佛它只在某一特定场景下发生过似的,而事实上它涵盖了数千年的时间,在这漫长的时期中又重复过无数次。那个强壮的男子是整个部落的首领和父亲,而且他有无限的权力,他粗暴地行使这些权力。所有的女人都是他的财产——包括他自己部落中的妻子和女儿们,或许还有一些从其他部落抢来的女人。他的儿子们的命运十分艰难:如果他们引起了父亲的妒嫉,就会被杀掉,或者被阉割,或者被驱赶出去。他们惟一的办法是以小团体的形式聚集在一起,通过抢夺而得到自己的妻子,而且当他们中的某个人能在这一方面取得成功时,他们便使自己抬高到与原始部落中与父亲相类似的地位。由于自然的原因,最小的儿子例外地占据了有利地位。他们受到母爱的保护,并且能够利用父亲年事日高的形势,在他死后取而代之。我们似乎发现,在许多传奇和童话故事中都有驱逐长子和宠爱幼子的迹象。

对于改变这种"社会"组织的第一个决定性的步骤似乎是,那些生活在一个团体中的被驱逐的弟兄们,联合起来推翻了他们的父亲,并且按照那个时代的风俗,把他生吞活剥地吃掉了。我们没有必要回避这种同类相食的现象;它持续到很晚的时代。但是,基本的观点是,我们把同样的情感态度运用于原始人身上,通过分析研究他们,我们就在当前时代的原始人中——在我们的孩子们身上——确立起这一观念。就是说,我们假设,他们不仅痛恨和害怕他们的父亲,而且把他作为一个榜样来尊崇,而且假设他们每个人实际上都想取代他的位置。如果是这样的话,我们就可以把同类相食的行为理解为企图通过吃掉他的一块肉来确保与他的认同作用。

我们必须设想,在杀死父亲之后,又过了一段相当长的时间,在此期间,弟兄们相互争夺父亲的继承权,他们每个人都想独占这一权力。他们认识到进行这些斗争既危险又毫无用处,他们回想起曾在一起进行的争取解放的活动,以及在他们被放逐期间所产生的相互之间的情感联系,这使他们最终达成了一致,形成了一种社会契约。伴随着本能放弃[18]的第一种社会组织形式便应运而生了,它承认相互之间的义务,引进了明确的规章制度,宣称这是(神圣)不可侵犯的——就是说,宣告了道德和正义的开端。每一个人都放弃了他想要获得其父亲地位和占有他母亲及姐妹的想法。这样便产生了乱伦禁忌和族内婚禁忌。由于除掉父亲而解放出来的相当一大部分绝对权力便移交给了女人们:母系氏族制时代便开始了。在这个"兄弟联盟"的时代,仍然保持着对父亲的回忆。一个强大的动物——最初或许也是一种总是令人恐惧的动物——便被选做父亲的替代物。这种选择可能看起来很奇怪,但是,人们后来在人类自己和动物之间所建立的鸿沟,在原始人那里并不存在;对我们的孩子们来说也不存在,我们已经能够把他们对动物的恐惧理解为对父亲的恐惧。关于图腾动物,仍然完全保持着对父亲情感关系方面最初的二分法,一方面,图腾被视为氏族的具有血肉之躯的祖先和保护神,它必须受到崇拜和保护;而另一方面,人们举行节日庆典为它准备了原始的父亲所遭际的相同命运,它被宰杀,并且被全部落的人共同分食[根据罗伯逊·史密斯的观点(1894),这就是图腾宴]。这个伟大的节日实际上是对儿子们联合起来战胜父亲的庆祝。

在这一点上,宗教的地位又该如何呢?我认为,我们完全有理由这样来看待图腾制度——连同它是对父亲替代物的崇拜,由图腾宴所表现出来的矛盾心理,各种纪念性节日和禁律的制定,若有违犯就会被处死——我是说,我们有理由把图腾制度视为人类历史中宗教得以表现的第一种形式,它也进一步证实了图腾制度从一开始就和社会规则及道德义务有联系。在这里我们只能对宗教的进一步发展做出最概括性的说明。毫无疑问,它们同人类的发展及人类社会结构的变化是同步进行的。

由图腾崇拜所引发的第一步是使受到崇拜的存在物人性化。人形诸神的出现取代了动物图腾的位置,但动物图腾的派生物并没有消失。神要么仍然以动物的形式为代表,要么至少有一张动物的面孔,或者动物图腾成为这个神宠爱的伙伴,与他密不可分,或者像传奇所讲述的那样,这个神杀死的恰好就是这种动物,而这个动物图腾毕竟只是它自己的一个早期阶段。在这种进化的某一时期,伟大的母性神出现了。我们难以确定她发生在哪一时期,很可能甚至在男性神以前,而且此后在他们身旁受到了很长时间的崇拜。与此同时,一场伟大的社会革命发生了。族长制的重建取代了母权制。其实,这些新的父亲们从未达到过原始人父亲的那种无限权力。他们人数众多,以比游牧部落更大的联盟的形式住在一起。他们必须相互协调一致,并且始终受社会秩序的限制。母性女神很有可能起源于母权制受到削弱的时代,以此作为对轻视母性的补偿。男性之神最初是作为伟大母亲身旁的儿子出现的,只是后来才清楚地表现出父亲这类人物的特色。这些多神教的男性诸神反映的是族长制时代的状况。他们人数众多,相互制约,而且有时还要服从一个地位更高的统帅之神。不论怎样,下一步就把我们引向我们在这里所关注的那个题目——回到那个有着无限统治权的单一的父亲之神。[19]

必须承认,在这个历史的概览中有一些漏洞,而且在某些方面还不够确定。但是,如果有人想要宣称,我们对原始历史的构想纯粹是虚构的,那么,他就严重低估了其中所包含材料的丰富性和显在价值。关于过去的很大一部分材料,在这里被联结成为一个整体,这是经过历史检验的:例如,图腾崇拜和男性联盟。其他部分也都完全一模一样地保存下来。权威人士们经常对古代图腾宴的意义和内容以如此忠诚的方式在基督教圣餐的仪式中得到重复而惊诧不已,在这种仪式上,信奉者们以象征的形式分享他们的神的血和肉。大量被遗忘了的原始时代的遗风在民间传说和神话故事中留存下来,关于对儿童心理生活的分析研究提供了意想不到的丰富材料,弥补了我们对远古时代知识的缺憾。为了帮助我们理解意义如此重大的父子关系,我们只需提出动物恐怖症即可。儿子竟然害怕被父亲吃掉,而且还非常强烈地害怕被阉割,这在我们成年人看来是很奇怪的。在我们的构想中没有任何事物是捏造的,所有的一切都建立在坚实的基础上。

假如我们关于原始历史的说明可以作为完全有价值的可信的事物来接受,那么,将能在宗教教义和仪式中识别出两种因素:一种是对古代家族史及其存留物的固着;另一种则是对过去的复活,经过漫长的间隔,又回复了已被遗忘的一切。正是这后一部分迄今为止一直被人们忽视,因而也没有被理解。在这里,我们至少举一个给人印象深刻的例子来说明。

下面这个事实特别值得我们强调:从遗忘中得以恢复的每一部分都表现出一种特别的力量,对人民大众产生着无可比拟的强大影响,并且提出一种不可抗拒的真理性主张,对这种真理进行任何逻辑上的反对都是虚弱无力的:这就是那种所谓"我之所以相信它,正是因为它的荒谬"。[20]这个明显的特征只有按照精神病患者的妄想模式才能得到理解。我们早已了解到,一部分被遗忘了的真理隐藏在妄想的观念之中,当这种妄想的观念重新出现时,它必然会受到歪曲和误解,而依附于这种妄想的强迫性信念产生于这个真理的核心,并把它传播到包藏它的谬误的边缘。我们必须承认,包括宗教的信条在内,像这样的一种成分是可以称之为历史真理的。事实上,这些宗教信条带有精神病症状的特征,只是作为一种群体现象,它们不再因孤立无援而受到诅咒。

如果我们把可以不间断追溯从动物图腾到人形之神连同其经常携带的伙伴的这一发展过程弃之不顾(基督教福音的四位教士,每一位都有自己最宠爱的动物),那么,宗教史中的任何别的部分都不会像把一神引入犹太教、并且在基督教中继续发展那样清晰。如果我们暂时承认,法老的世界帝国是决定一神教观念产生的原因,我们便会发现,这种观念从埃及本国的土壤里生发出来,又被移置到另一个民族中,经过一段漫长的潜伏期之后,被他们作为宝贵财富接受和保存下来。反过来,这种观念本身通过使他们对自己成为上帝的选民而自豪。从而使他们生存下来。正是这个关于他们的原始父亲的宗教,与他们获得奖励、荣誉以及最终获得世界统治权的希望密切联系着。这后一种充满愿望的幻想早已被犹太民族所抛弃,却仍然存留在该民族的敌人之中,他们相信有一个"锡安山长者"的阴谋。[21]至于从埃及借用来的一神论宗教的独特性是怎样影响犹太民族的,它通过拒斥魔法和神秘主义,敦促人们在理智上[22]进步并鼓励人们升华,而对他们的性格注定要产生持久的影响;由于拥有真理而狂喜,由于被上帝选中的意识所压倒,这个民族是怎样对理智的事物给予高度评价,对道德的事物非常协调的;他们那令人伤感的命运及其在现实中的失望是怎样加强了这些倾向。对这些问题,我们将留待以后再作讨论。现在,我们将沿着另一个方向追随下去。

重新确立那位原始父亲的历史性权力是向前迈出的一大步,但这并不是最后一步。史前悲剧的其他部分也坚持要得到认可。究竟是什么促使这一过程运行的,这很不容易辨别。一种日渐增长的罪疚感看起来好像笼罩着犹太民族,或许也笼罩着当时整个文明世界,这是那种被压抑的材料即将回归的征兆。直到最后,这些犹太人中的一个成员,以为政治——宗教的煽动者做辩护为由,发现有机会把一种新的宗教——基督教——从犹太教中分离出来。保罗(Paul)这位来自塔瑟斯(Tarsus)的罗马犹太人,利用了这种罪疚感,并且正确地把它追溯到其原始根源。他称之为"原罪";这是一种反对上帝的罪恶,只能以死来赎罪。死亡便带着这种原罪降临人世。事实上,这种应该以死来报效的原罪就是杀害了后来被奉若神明的原始人父亲。但是,这种谋杀却没有被记载下来,代之而起的是一种赎罪的幻想。由于这个原因,这种幻想才能作为一种救赎的(福音)而受到欢迎。上帝的一个儿子,本来没有罪,却通过把自己杀死而自己承担了所有人的罪恶。他必须是一个儿子,因为被杀害的是个父亲。很有可能来自东方和希腊神话的传说曾对这种赎罪的幻想产生过影响。其中最基本的东西似乎是保罗自己的贡献。在最恰当的意义上说,他是一个天生具有宗教倾向的人;过去的黑暗痕迹潜藏在他的心中,随时准备爆发出来进入更富有意识的领域。

本来没有罪的救世主却牺牲了自己。这显然是一种有意的歪曲,这使人们难以产生合乎逻辑的理解。一个没有犯谋杀罪的人,怎么能通过让自己被杀死就自行承担起所有杀人者的罪恶呢?在历史事实中从来没有这种自相矛盾的事情。这个"救世主"不可能是别的任何人,而是罪孽最深重的人,是杀死了他们父亲的兄弟团伙的头目。按照我的判断,不论有没有如此重大的反叛和头目,我们都必须把它作为一件尚未确定的事来处理。这是有可能的;但是,我们必须牢记,兄弟团伙中的每一个成员当然都希望自己单独去干这件事,以便为自己创造一个非我莫属的地位,找到一个替代物作为他与父亲的认同。如果他仅仅置身于兄弟团伙之中,与他们同流合污、不分伯仲,则他不得不放弃这一机会。如果没有这样的头目,那么,基督就是一个未能实现的虚幻愿望的继承人;如果有一个头目,那么,他就是这个头目的继承人和他灵魂的再生。但是,我们在这里描述的情况无论是一种幻想,还是一段被遗忘的现实的回归,关于一个英雄概念的起源都可以在这里找到——这个英雄总是反叛他的父亲,并且以某种方式杀死了他。[23]这也是戏剧中英雄的"悲剧罪疚"的真正根源,否则便难以做出解释了。我们几乎无需怀疑,古希腊戏剧中的英雄和颂歌代表着同一位反叛的英雄和兄弟团伙;在中世纪剧院里重新上演的戏剧表现了耶稣蒙难的故事,这不能说是毫无意义的。

我们已经说过,基督圣餐的仪式重复着古老图腾宴的内容。在这种仪式中,信徒们分享着那位救世主的血和肉。毫无疑问,这只是表现了它的情感意义,表达了对他的崇拜,而不是表现其攻击性意义。不过,支配着父子关系的那种矛盾心理在宗教革新的最终结局中明显地表现出来。表面的目的是向那位父亲神赎罪,但最终却把他废黜并驱赶下台。犹太教曾是一种父亲宗教,而基督教则变成了一种儿子宗教。那位古老的上帝,即父亲,落在了基督的后面;而基督,即那位儿子,则取代了他的地位,就像在原始时代每一个儿子都希望做的那样。那位把犹太教坚持下去的保罗,最终也毁灭了它。毫无疑问,他的成功是这类事实的第一个实例,他通过救世主的观念驱除了人性的罪疚感;不过,他的成功还在于,他放弃了他的人民是"被上帝选中"的特性及其可见的标志——割礼。这样一来,这种新的宗教就可以成为具有普遍性的、接纳所有人的宗教。在保罗采取这一步骤时,可能有一个成分在起作用,即他的革新在犹太人当中遭到排斥,他个人想要予以报复;但是,这一过程恢复了古老的阿顿宗教的一个特征——当它被传递给一个新的民族即犹太民族时,该宗教所曾经获得的限制性也被消除了。

和更古老的犹太宗教相比,这种新的宗教在某些方面意味着一种文化上的回归。正如经常发生的那样,一些较低层次的新的人群侵入进来或者被接纳时,就会发生这种情况。基督教在心灵这类事情上并未保持住犹太教所达到的那个高度。它不再是严格的一神教,它从周围民族中接受了许多象征性的仪式,它重新确立了伟大的母亲女神,而且只是稍加伪饰地为引入多神教的众多神祇找到了栖身之地,尽管这些神祇只是处在附属的地位。它毕竟不像阿顿宗教和其后的摩西宗教那样拒绝那些迷信的、巫术的和神秘的因素渗透进来,在以后两千年的理智发展过程中,这些因素被证明是一种严重的障碍。

基督教的胜利是一次新的胜利,在间隔1500年之后,在更广大的舞台上,阿蒙神教的祭司们战胜了埃克赫那顿之神。而且,在宗教史上——就被压抑者的回归而言——基督教是一次进步。而且,从那时起,犹太教在一定程度上成了一种僵死的东西。

一神教观念是怎样恰好给犹太人留下如此深刻的

印象？他们怎么能够如此顽强地保持这种观念？这是很值得思考的问题。我认为,要找到答案是有可能的。命运已经把原始时代杀死父亲的壮举也是恶行都赋予了犹太人,使他们要在摩西这位杰出的父亲般的人物身上重复此事。这类用"行动表现"代替记忆的一个实例,在对神经症患者的精神分析工作中也经常发生。他们应该记住摩西教义所提出的建议,但是,他们的反应却是不承认他们采取过这种行动;他们只停留在承认这位伟大的父亲上,这就阻碍了他们继续前进的道路,后来保罗就是从这里开始继续原始历史的。残暴地杀死另一位伟人也就成为保罗创立新宗教的开端,这决不是一件无关紧要的事,也不是巧合。这个人在犹地亚有少量的追随者,他们把他视为上帝的儿子,视为上帝宣告过的弥赛亚(Messiah——犹太教的复国救主),为摩西所编造的一部分童年时代的故事,后来被附会到他身上。然而,事实上,对于他我们所知道的肯定并不比有关摩西的情况多——他是否真的就是福音书里所描绘的那位伟大导师;或者进一步来说,对于他这个人物所获得的重要性具有决定作用的他的死,是否并不符合事实和实际情况?保罗虽然成了他的使徒,却对他本人也并不了解。

塞林在追溯摩西的传说时认识到,摩西是被他的犹太人杀害的(而且奇怪的是,年轻时的歌德在没有任何证据的情况下也承认了这种观点),这便成为我们的构想的必不可少的一部分,成为原始时代被遗忘的事件与其后以一神教形式出现之间的一种重要的联系[24]我们似乎可以这样设想,杀害摩西的悔恨之情为产生弥赛亚这一虚幻愿望提供了刺激物,弥赛亚一定会回来拯救他的人民,并履行统治世界的诺言。如果摩西就是这第一个弥赛亚,那么,基督便成了他的替代者和后继人,而保罗就能以历史上的某种正当理由向他的人民呼唤:"看啊,弥赛亚真的来啦:他曾在你们眼前被杀害!"这样,在基督复活中也有某种历史真实,因为他是被复活的摩西,而隐藏其后的那位归来的原始游牧部落的原始父亲,现在被转形为儿子,被安置在父亲的位置上。[25]

可怜的犹太人,他们怀着惯常的倔强,继续否认对父亲的谋杀。光阴荏苒,他们为赎罪付出了沉重代价。他们经常遭到人们的谴责:"是你们杀死了我们的上帝!"而且,如果对这种谴责给予公正的解释,就可以说这种谴责是千真万确的。如果把它和宗教联系起来,人们就会说:"你们决不会承认是你们杀害了上帝(那个上帝的原始图像,那位原始父亲,及其以后的再生)。"另外,人们还应该宣称:"确实,我们也干了同样的事,但是,我们已经承认了,而且从此以后,我们便解脱了。"反闪米特主义者藉以迫害犹太人后代的这些谴责,并非都能具有类似的正当理由。人们对犹太人的仇恨如此强烈而持久,产生这样的现象当然必定不止一种原因。我们能够发现一系列的依据,有些显然来源于现实,这无须做任何解释;而另一些则隐藏得较深,起源于隐秘的根源,这类原因有些特殊。在前一类原因中,谴责犹太人是外来者或许是最没有说服力的,因为在如今被反犹太主义者控制的许多地方,犹太人是人口中历史最古老的一部分,甚至在这些居民之前就已定居在此了。举例来说,这种情况可适用于科隆城,早在科隆城被日耳曼人占领之前,犹太人就和罗马人一起来到这里了。[26]仇恨犹太人的其他原因则比较强烈,在他们居住的大多数地方,他们是杂处民族的少数民族。由于群体归属感的需要,也为了实现群体归属感,某一外来少数民族会遭受敌意,受到排斥,数量上的劣势也使该少数民族招致压迫。然而,犹太人还有另外两个特点却是相当难以原谅的。第一个特点是,他们在某些方面不同于他们的"主人"民族,他们并不是从根本上不同,因为他们并不是像他们的敌人所认为的那样是外来种族的亚洲人,而是大部分由地中海各民族的后裔组成的,是地中海文明的继承者。但是,常常是在某种无法确定的方面,他们仍然有些不同,特别是不同于北欧各族,而奇怪的是,种族偏执狂对这些微小的差异比对那些重大的差异表现出更为强烈的不宽容态度。[27]另一个特点具有更大的作用:即他们反抗所有的压迫,最残酷的迫害也没有成功地把他们灭绝;而且恰好相反,他们显示了在商业化生活中保持住自己的一种能力,而且在他们获得承认的地方,他们都为每一种形式的文化活动做出了有价值的贡献。

仇恨犹太人的更深远动机起源于过去最遥远的年代;它们在这些民族的潜意识中发挥着作用,而且我准备发现它们最初是不可置信的。我斗胆断言,该民族宣称自己是上帝父亲最宠爱的初生子,即使在今天,其他民族对这种说法的嫉妒也还没有消失:好像他们认为自己真理在握似的。另外,犹太人使自己显得生份的那些风俗,那种割礼的风俗,给人留下了讨厌而又离奇的印象。毫无疑问,这种风俗可以解释为令人想起来恐惧的阉割,以及人们乐意忘却的那些与之相伴随的原始岁月。最后,作为这一系列原因中最新近的一种动机,我们一定不要忘记,如今擅长仇恨犹太人的那些所有民族只是在以后的历史时代中才成为基督教徒的,并且常常是在血腥的强迫下被迫接受这一信仰的。人们可能会说,他们都是"勉强受洗的"。在基督教这层薄薄的外表之下,他们仍然保留着其祖先崇拜野蛮的多神教时的东西,他们还没有忘却这种强加给他们的新宗教的怨恨。但是,他们把这种怨恨发泄到使他们接受基督教的根源。福音书讲述了一个发生在犹太人之中,而且事实上只表现犹太人的故事,这个事实使他们更容易产生这种移置作用。他们对犹太人的仇恨归根结底是对基督教的仇恨,在德国国家社会主义革命中,两种一神教之间的这种密切关系在相互敌视中得到如此明显的表现。[28]对此,我们无须感到惊奇。

(五) 困难

通过我所说的这些事,或许我已经成功地确立了神经症过程和宗教事件之间的类比,从而表明了宗教事件出人意料的起源。在从个体心理学向群体心理学转移的过程中,出现了两个在性质和重要性方面都不同的困难,我们现在必须转向这两个困难。

第一个困难是,我们这里涉及的只是众多宗教现象中的一个例子,对任何其他例子并未予以说明。我必须抱歉地承认,我无法给出更多的例子,我的专业知识不足以完成这项工作。以我有限的知识,我或许可以补充说,穆罕默德宗教的建立在我看来似乎是对犹太教的一种简化了的重复,它的出现就模仿了犹太教。确实,穆罕默德这位先知最初看来是想使自己和他的人民完整地接受犹太教。那个伟大的原始父亲的再现格外地提高了阿拉伯人的自信心,这种自信心使他们获得了世界性的巨大成功,但他们的自信心也在成功后消耗殆尽了。与耶和华相比,真主安拉更多地表现出对他所选定的人民的感激。但是,这个新宗教发展不久内部便停滞了,或许是因为它缺少那种深度,这种深度曾使犹太人杀害了他们的宗教创立者。东方的各种宗教明显地带有理性主义特征,其实质都是祖先崇拜,因此在过去很早的重建阶段,它们便止步不前了。在今天的原始民族中,承认一个最高的神就是他们宗教的惟一内容;如果情况确实如此,那么,我们就只能视之为宗教发展中的一种萎缩症,并且把它和另一个领域中观察到的、无数的初期神经症病例联系起来。我们的知识还不足以告诉我们,为什么在这种情况下和在另一种情况下一样,事情都没有得到进一步的发展。我们只能把这种责任归咎于这些民族的个人才能、他们的活动方向以及普遍的社会状况。另外,在分析工作中我们有一个很好的规则,那就是满足于解释面前实际发生的事,而不是寻求解释尚未发生的事。

向群体心理学转移的第二个困难则要重要得多,因为它引起了一个具有基本性质的新问题。这个问题是,在各民族的生活中起作用的传说是以什么形式出现的——这个问题不是在个体身上表现出来的,因为在个体身上,这个问题是由过去潜意识中存在的记忆痕迹来解决的。我们不妨回到我们讨论的历史实例中来。我们已经把卡代什的妥协归因于从埃及归来的那些人中流传下来的强有力的传说。这种情况已不存在问题。按照我们的理论,这种传说是以口头交流的有意识记忆为基础的,这是当时存活下来的人从仅间隔两三代的前辈那里传承下来的,而这些前辈亲自参与或亲眼目睹了当时那些事件。但是,难道我们能够相信在以后的世纪中也会发生同样的情况吗?正常地由祖父辈传给孙子辈的知识中,这种传说是否仍然有其根据?在早期时代中,人们有可能说清楚保留这种知识并通过口头把它传播出去的人究竟是谁,而今天则很难做到这一点。根据塞林的看法,关于摩西被杀的传说是在祭司们的掌握之中,直到最后在文字中表现出来,正是这种文字表述才使塞林能够发现此事。但是,这事只能被少数人知道,还远远不是人所共知之事。而这样难道就足以解释其影响了吗?难道这少数掌握知识的人在被广大群众注意到时,能产生如此持久的力量左右他们的情绪吗?相反,看起来在那些不了解情况的群众中一定曾发生过某种事情,在某些方面它类似于少数人所知道的情况,当事情被泄露出来时——两者便在中途交合了。

当我们转向原始时代的类似案例时,我们更难以得出一个结论。可以肯定地说,在几千年的历史过程中,这些事实已被忘记了,即曾经有一个我们知道其特点,也知道其命运的原始父亲;我们也不能假定有任何关于它的口头传说,尽管在关于摩西的案例中我们可以这么做。那么,究竟在什么意义上我们才能确定一个传说的来历呢？它能以什么样的形式呈现出来呢？

为了使那些不想或不准备探究复杂的心理学事态的读者更容易理解，我将预先对研究结果做如下交待。在我看来，个体与群体之间在这一点上几乎是完全一致的：在群体中，也有一种过去的印象，被保存在无意识的记忆痕迹中。

在个体的情况下，我们就能够看得很清楚：他的早期经验的记忆痕迹在他心中保留了下来，只是在一种特殊的心理状况下保留的。正如一个人了解被压抑的情况一样，我们可以说，个体对此也总是有所了解的。在这里通过分析我们已经毫不费劲地形成了关于下列问题的观念：某些事情是怎样被遗忘的？它是怎样过了一段时间又重新出现的？被遗忘的东西并没有消失，而只是"被压抑着"；它的记忆痕迹仍会以新鲜的形式存在着，只是被"反贯注"所孤立起来了。它们无法进入与其他理智过程的对立；它们是无意识的——不可能接近有意识。被压抑的某些部分也有可能逃脱了(压抑的)过程,可以进入记忆,偶尔也会在意识中浮现;但即便如此,它们也是孤立的,像是和其他部分没有任何联系的外在之物。事情可能是这样的,但并非必然如此;压抑也可能是全面的,这就是我们在下面要探讨的那种可能情况。

这种被压抑的东西保持着向上的强烈欲望,它力图强行进入意识。只有在以下三种条件下才能达到其目的:(1)如果反贯注的力量被病理过程所减弱,这个病理过程压倒了(心灵的)另一部分,即我们所谓的自我;或者,反贯注的力量被该自我中贯注能量的不同分布所减弱,就像在睡眠状态中所经常发生的那样;(2)如果与被压抑的东西相联系的本能成分受到特别的强化(其中最好的例子是青春期经历的那些过程);(3)如果在最近经验中的印象或经验在任何时候出现时都非常类似于被压抑的东西,致使它们能够唤醒它。在后一种情况下,最近的经验受到被压抑事物的潜在能量的强化,而被压抑的东西是在最近的经验背后并且借助于它的帮助而起作用的。在这三种可能的情况下,迄今一直被压抑的东西是不能顺利而不加改变地进入意识的;它必定总要忍受某些歪曲,这些歪曲可以证明来自反贯注的(尚未完全克服的)抵抗的影响,或者证明最近经验的变化性影响,或者两者兼具。

一种心理过程是有意识的还是无意识的,两者的差异已经用做发现我们的航向的一个标准和手段。被压抑的东西是无意识的。如果允许我们把这个句子反转过来——就是说,如果意识(Cs)和无意识(Ucs)之间的性质上的差异和"属于自我"与"被压抑的"之间的区别相一致[29],那将会使事情发生令人欣慰的简化。在我们的心理生活中存在着诸如此类的被孤立的无意识的事物,这个事实本身就足够新颖而重要。但实际上情况更为复杂些。确实,所有被压抑的事物都是无意识的,但是,并非所有属于自我的东西都是有意识的。我们注意到,意识具有一种短暂的性质,它和心理过程只有转瞬即逝的联系。因此,就我们的目的而言,我们必须用"能够成为有意识的"来取代有意识,并把这种性质称为"前意识"(Pcs)。然后,我们可以更正确地说,自我主要是前意识的(实际上是有意识的),而自我的某些部分则是无意识的。

这后一种事实的确定向我们表明,迄今为止我们所依赖的这些性质都不足以为我们在昏暗的心理生活探索中指出航向。我们必须引入另一种区分,这种区分不再是性质上的,而是心理地形学的,而且——如果看它具有的特殊价值的话——它同时也是发生学的。我们现在把心理生活区分为(我们把心理生活视为由几个机构、地区或部门组成的装置)两个区域:一个区域我们在严格意义上称之为自我(ego);另一个区域,我们命名为本我(id)。本我是两者中较古老的;自我则由此发展而来，就像大脑皮层是通过外部世界的影响而形成的一样。我们所有的原始本能正是在本我中发挥着作用,本我中的所有过程都是无意识地发生的。正如我们已经说过的那样,自我和前意识的区域是一致的;它包括正常情况下保持无意识的那些部分。本我中诸事件的发展过程及其相互作用是受完全不同的规律支配的,而不是受本我中居主导地位的那些规律支配。事实上,正是这些差异的发现,才使我们得出了新的观点,并且证实其合理性。

被压抑的东西可被看做是属于本我,并且附属于相同的机制;把它从中划分出来只是出于发生学的考虑。这种分化是在最早期的生活中完成,而自我则是由本我发展而来。当时,本我的一部分内容被纳入自我之中,并且被提升到前意识状态;另一部分则不受这种转换的影响,作为严格意义上的无意识保留在本我之中。但是,在自我的进一步形成过程中,自我中的某些心理印象和过程被一种防御机制排除出去了;前意识部分的特点从这些现象和过程中撤出,以便它们再次被还原为本我的组成部分。那么,这就是本我中的"被压抑的部分"。就这两个心理区域之间的关系而言,我们因而可以假设,一方面,本我中的无意识过程被提高到前意识水平并被结合到自我之中;而在**另一**方面,自我中的前意识材料可能遵循相反的道路,并被驱赶回到本我之中。后来,有一个特殊的区域——即"超我"(super-ego)——从自我中被分离出来,这个事实尚不在我们目前的研究兴趣之中。[30]

所有这一切看起来远非那么简单。[31]但是,当我们开始接受和熟悉这种关于心理装置空间的不同寻常观点时,对这种设想就不会感到特别困难。我将补充一个更进一步的说明,我在这里提出的心理地形学和大脑解剖学毫无关系,实际上,它只在一个方面涉及它。[32]在这种描绘中令人不满的东西——我和任何人一样都清楚地认识到这一点——归因于我们对心理过程的动力学性质的全然无知。我们告诫自己,把一种意识观念同另一种意识观念区别开来,以及把前意识观念同无意识观念区别开来的东西,只能是对心理能量的一种改变,或者是心理能量的不同分配。我们谈论了贯注和过度贯注,然而除此之外,我们对这一主题一无所知,甚至不能提供一个行之有效的工作假设作为出发点。关于意识现象,我们至少可以说,它最初是依附于知觉。所有来源于痛觉、触觉、听觉和视觉刺激的感觉都是最容易成为有意识的。思维过程以及在本我中任何与此相类似的事物本身都是无意识的。通过言语功能这一渠道,与视知觉和听知觉的记忆痕迹联系起来,可以进入意识。[33]在缺乏言语功能的动物中,这些状况一定更简单些。

作为我们出发点的早期创伤的印象,或者不能被转换到前意识中,或者被压抑迅速地给摩西驱回到本我的状态中。在那种情况下,它们的记忆残余是无意识的,并且在本我中发挥作用。我们相信,只要这是一个主体亲身经历的问题,那么,我们就能轻而易举地探寻出它们进一步的变化过程。但是,当我们意识到,在个体心理生活中可能发挥作用的东西不仅包括他亲身经验过的东西,而且包括他出生时就先天存在的东西,即具有种族发生起源的成分———一种古代的遗产,这时就会产生一种新的复杂性。这种复杂性包括的问题就是,这种遗传下来的东西存在于什么之中?它包含着哪些东西?如何证明它的存在?

直接而且最肯定的回答是,它存在于某些(天生的)禀性之中,比如,所有生物有机体都具有的那些特点:那种进入特殊的发展路线,并以特殊的方式对某些兴奋、印象和刺激做出反应的能力和倾向。经验表明,既然在这一点上人类个体之间存在着差异,那么,古代的遗产就一定包括这些差异;它们代表着我们所认识到的个体中的体质因素。现在,既然所有的人种在其早期时代都有过大体类似的经验和事件,因此,他们也以类似的方式对之做出反应;这样人们就会提出一种疑问,我们是否不应该把这些反应,连同他们的个体差异全都包括在古代遗产中。这种疑问应该弃置一旁:我们关于古代遗产的知识并没有由于这种类似的事实而得到扩展。

不过,分析研究使我们获得了一些研究结果,这些结果令人深思、发人深省。首先,在语言中普遍存在着象征主义。用一个事物象征性地表现另一个事物——这种情况也同样适用于人类的行动——这是我们所有的儿童都很熟悉的,而且可以说是很自然地产生的。对此我们无法指出他们是怎样学会的,不过必须承认,在许多情况下要学会它是不可能的。这是一个人之初的问题,成年以后便把这种知识遗忘了。确实,一个成人也会在梦中利用同样的"象征";但是,他并不理解这些象征,除非精神分析学家给他做解释,即便如此,他也不愿意相信这种解释。如果他利用了其中记载着这种象征作用的一种极为常见的语言符号,那么,他一定会承认他已经完全忘记了其真实意义。而且,象征作用不考虑语言的区别;研究可能会表明它是无处不在的——这同样适用于所有的民族。因此,在这里我们似乎有一个确定的实例来说明起源于语言形成时期的古代遗产。但是,人们也可以尝试做出另一种解释。有人可能会说,我们正在探讨的是观念之间的思想联系——这是在语言的发展历史中已经确立的联系,现在则是每当在个体身上经历这种语言的发展时必须重复的联系。这就是理智禀性遗传的一个例子,它类似于通常本能禀性的遗传——不过,这种解释仍然无助于解决我们的问题。

然而,分析研究已经对某些事情做了说明,这些事情的重要性超出了迄今我们做过的所有考虑。当我们研究人们对早期创伤的反应时,我们常常很惊奇地发现,它并非严格地限于个体自己亲身经历过的事,而是以某种更适合于种系发生事件的模型和方式有所偏离;而且一般地说,只能用这种影响来解释。患神经症的儿童对其父母的行为在俄狄浦斯情结和阉割情结中有大量的此类反应,这在个体的情况下似乎是不合理的,只有在种系发生学上才能被理解——即通过它们与前辈经验的联系才能被理解。如果把我在这里所利用的这类资料集中起来,公之于众,那将是非常有价值的。在我看来,其明显价值似乎是相当强烈的,使我大胆地迈出一步,并提出这样一种主张:人类的古代遗产不只包括禀性,而且还包括主题——即前辈们经验的记忆痕迹。通过这种方式,原始遗产的范围和重要性就能够得到重大的扩展。

进一步的思考令我不得不承认,我长期以来就是这样做的,仿佛我们祖先的经验可通过记忆痕迹不容置疑地建立起来,它不依赖于直接的交往,也不依赖于通过树立榜样而施加的教育影响。当我们谈到在一个民族中有个传说幸存下来,或者谈到一个民族性格的形成时,我心里指的主要是这种遗传的传说,而不是通过交流传播的那种传说。或者,至少我没有在两者之间做出区分,也没有清楚地意识到我竟大胆地无视这种区别。目前,生物科学界的态度拒绝承认习得的性格是一代代地遗传下来的。我的观点无疑更加难以立足。不过,我必须非常谦虚地承认,若没有生物进化中的这个因素,我是难以获得这些认识的。确实,这两种情况不尽相同:一种情况是一个难以把握的习得的性格问题;另一种情况,是外部事件的记忆痕迹问题——可以说是某种有形的可感知的东西。但是,对于这两种情景,归根结底我们最好不要顾此失彼。

如果我们设想在古代遗产中有记忆痕迹存活下来,我们便在个体心理学与群体心理学之间的鸿沟上架起了一座桥梁:我们能够像对待个体神经症患者那样来对待各个民族。人们可以信以为真:目前我们还没有更强有力的证据来证明在古代遗产中存在着记忆痕迹——除了分析工作所要求的种系发生的派生物的残余现象之外。但这个证据在我们看来似乎相当强有力,足以假定它是符合事实的。如果情况不是这样,那么,无论是在分析中还是在群体心理学中,我们将不可能沿着我们踏上的这条道路再前进一步。因而,这种大胆的设想是不可避免的必然产物。

通过这种假设,我们还成就了其他一些事情。我们正在消除人类早期的傲慢在人类与动物之间所设置的过于宽大的鸿沟。如果要对所谓动物的本能[34]做出任何解释——动物的这些本能使他们的行为表现出从一开始就能在新的生活情境中生活,仿佛这种情境是旧有的、熟悉的情境似的——如果需要对动物的本能生活做出任何解释,那就只能是,动物把它们物种的经验带到了自己的新的生境之中——就是说,它们保留了对它们的祖先所经验到的东西的记忆。从根本上说,人类这种动物的处境没有任何差异。他自己的古代遗产与动物的本能是一致的,尽管在范围和内容上有所差异。

经过这样的讨论之后,我可以毫不犹豫地宣布:人类早就(以这种独特的方式)知道,他们曾经拥有一个原始的父亲,而且杀死了他。

现在我们必须回答另外两个问题。首先在什么情况下这种记忆才能进入原始遗产?其次,在什么情况下它才能活跃起来——就是说,它才能从本我的无意识状态进入有意识状态,尽管是以某种改变了的或歪曲了的形式?对第一个问题的回答较容易阐明:如果某一事件足够重要,或者经常得到重复,或者这两种情况兼具,那么,这种记忆便可进入古代遗产。在谋杀父亲这件事中,这两个条件都具备了。对于第二个问题,可以做这样的说明:所有的各种影响都可能与此有关,但并非所有的影响都必然为人们所知,根据对某些神经症中所发生的情况的类推,某种自发的发展过程也是可以想象的。然而,肯定具有决定性意义的是,通过最近以来该事件确实发生的重现,唤醒了被遗忘的记忆痕迹。摩西的被杀就是这种重现,后来人们想象的法庭对基督的杀害也是如此;这样一来,这些事件便作为原因而处在了显著地位。看起来,若没有这些事件发生,一神教的诞生也是不可能的。下面有位诗人的两句诗提醒了我们:

> 注定要留芳千古的人,
> 在生活中都必先遭夭折。[35]

我将引用一个心理学的证据作为最后的说明。只根据交流和传播而留传下来的传说不可能导致与宗教现象有关的那种强迫性特征。和任何其他来自外界的信息一样,它可以被人们倾听、判断,或者置诸脑后;它绝对不可能获得从逻辑思维的束缚下解脱出来的特权。就像我们在宗教传说中惊诧不已地看到、而迄今又无法理解的那样,在它能够再现时表现出如此强大的威力和效果并使众人全都被其迷住之前,它必然要经历被压抑的命运,要在无意识中徘徊。而且,这种考虑使我们非常倾向于相信,事情确实是以我们已经试图描述的样子发生了,或者至少以某种类似的样子发生过。[36]

第二部分

概要和重述

在没有做出充分的解释并表明歉意之前,我无法将本文的下面部分呈送到世人面前。除了对某些重要的研究成果和批判性探索进行浓缩、对犹太民族的特殊性格形成的过程和原因作一些补充之外,下面部分几乎是第一部分忠实的、往往是逐字逐句的重述。我知道像这样一种提出主题的方式非但不合规范,甚至缺乏艺术效果。坦率地说,我自己对此也并不赞成。但是,为什么不能避免这种方式呢?对我来说,这个问题的答案不难找到,但却非常难以承认。我至今还抹除不了内心那种异乎寻常的痕迹,还忘不了开始撰写本书的那种别致方式。

实际上,这部书已被写过两次。第一次写于几年前的维也纳。当时,我相信本书无法发表,因此把它放到一旁;但是,它像一个无法摆脱的幽灵纠缠着我,于是我只好妥协,在《意象》杂志上分别发表了本书的前两章,即全书心理分析学的出发点,"摩西,一个埃及人"和历史学论文"如果摩西是一个埃及人"。其余的章节,也就是我应用这些发现到一神教起源方面的理论和我对宗教的一般性解释。这些解释和发现可能是危险的并且招致反对的,因此我认为只能搁置起来,直到永远。之后,在1938年3月,德国的突然入侵迫使我离开了家乡,同时也使我摆脱了恐惧;我当时惟恐本书的发表会使精神分析学的实践在奥地利遭到禁止,那时精神分析学的实践活动在我的迁入地还是被允许的。我一到达英国,内心就充满了无法抑制的诱惑,要想将原本打算搁置起来的见解公诸于众。因此,接续已经发表的前两章,我开始重写本书的第三章。这自然就需要部分地重新组织材料。然而,在这第二次编写的过程中,我没能凑齐全部材料;另一方面,我也无法下定决心完全放弃已经写好的前两章,于是只好折衷处理,将第一个版本原封不动地照搬过来,这就是造成本文中与前两章有大量重复之处的原因。

不过,由于我所论及的问题如此新颖而重要,我也许会可以自慰(至于我的论述是否正确以及正确的程度如何姑且另当别论),如果人们因此被迫再次读到同一问题的重复论述,我觉得并不能算作不运气。有些事情本来应该不止说上一次,而且值得不厌其烦地重复的。然而,人们是否愿意对某个题目流连忘返或者反复研读,应该取决于他们的自由意志。我们不应该在同一本书中对同一主题天花乱坠地吹上几次,以此强调某个结论,那样一来,只会证明作者自己的笨拙,而且活该受到读者的指责。可悲的是,作者的创造力并不总是追随他的良好愿望:一件作品总是要按它能做的方式生长和演变,它经常对抗作者的愿望而保持某种独立性,甚至发展成与作者意图背道而驰的东西。[37]

(一) 以色列的人民

如果我们心里十分清楚地知道,我们现在遵循的程序,是从传说中选取对我们来说有用的材料并拒斥那些不适于我们的东西,然后按照其心理学的盖然性将不同的片断拼合起来 我们明白,这样的技术处理并没有把握一定能使我们获得真理,人们因此不禁会问:既然如此,究竟为什么还要进行这种努力呢?对这一问题的回答,呼唤着我们的分析工作有个结果。如果我们从实质上满足了通常对历史——心理学研究提出的苛刻要求,我们就有可能澄清那些似乎总是值得注意的问题;借助某些近期事件,这些问题使我们的研究和观察具有了新的意义。我们知道,在古代地中海盆地居住的所有民族中,犹太民族几乎是惟一名存而且实存的民族,怀着前所未有的抗拒力量,它遭际着不幸和虐待;它发展出了独特的性格特征,却不巧引起了所有其他民族的刻骨仇视。我们希望更透彻地了解,犹太民族的这种抗拒力从何而来？他们的性格是怎样与其历史命运相联系的？

我们可以从犹太人的一个性格特征出发来探讨上述问题,这个特征左右着他们和其他民族的关系。毫无疑问,犹太人自视甚高,他们认为自己更高贵、属于更高档次并且比其他民族优越——他们的许多风俗也使他们与其他民族大不相同。[38]同时,一种对生活的特殊信仰使他们生气勃勃,这种特殊信仰来源于他们的一种隐秘而珍贵的天赋,它是一种乐观主义,笃信宗教的人把它称之为上帝的信仰。

我们了解他们这种行为的原因,也知道他们的珍贵财富是什么。他们真正把自己当成上帝的选民;他们坚信自己离上帝特别近,这使他们感到既自豪又自信。依据可信的资料记载,他们的行为方式从古希腊时期到现在均未改变,因此,那时犹太人的性格与现在的相同;而当时的希腊人(犹太人居住在他们当中并和他们一道成长)对待犹太人的方式,与今天自认为是犹太人的"主人"的那些人相比,也没有什么区别。从他们对待犹太人的方式来看,人们也许会认为,就连他们也相信犹太人自己声称的一切。当某个使人害怕的父亲指明了谁是他的宠儿时,人们不必惊奇于发现其他的兄弟姊妹的嫉妒心。在犹太人关于约瑟和他的兄弟们的传说中,就清楚地说明了这种嫉妒能够导致什么结果。世界历史上在那以后的过程似乎证明了犹太人的傲慢有其道理;因为,当上帝后来欣然送给人类弥赛亚这一救世主时,他又是在犹太人中选派的。其他民族那时可能确有理由自己对自己说:"他们的确说得不错,他们是上帝的选民。"可是,耶稣基督拯救世人,并没有给犹太人带来任何东西,只换来了其他民族那种更强烈的仇恨;犹太人虽然又一次被证明了是上帝的宠儿,却没有获得任何好处,因为他们没有认出基督这个救世主。

基于前面的探讨,我们现在也许可以断言,正是摩西给犹太民族打下了特殊的烙印——这一点无论何时都非常重要。他确定了犹太人是上帝的选民,从而增强了他们的自信心;他宣告他们是神圣的,并且让他们肩负了与其他民族隔离的责任。这并不是其他民族缺乏自信。在那时,就像在现在一样,每个民族都认为自己优于其他民族,然而,犹太人的自信心却由于摩西的影响而在宗教中固着下来,成了他们的宗教信仰的一部分。由于他们同他们上帝的关系特别密切,上帝的庄严神圣因此也就有他们一份。既然我们知道,在上帝将犹太人选为子民并将他们从埃及拯救出来这些壮举背后站着的是摩西,表面上看来是摩西接受的上帝命令,而确确实实也是摩西做的。因此我要冒昧地说,缔造了犹太民族的人就是摩西这个人。犹太民族由于他而获得了不屈不挠的生活态度;在很大程度上,也是由于他而招致了他们曾经遭受、现在也还仍然经历着的敌视。

(二) 伟大的人

单枪匹马的一个人怎么可能发挥出如此异乎寻常的作用,把众多不同的个人和家庭凝集为一个民族?他怎么可能在这个民族身上铸成明确的性格并决定它千百年来的命运?这种假设会不会是一种退化,使我们的思维方式退化到产生创世神话和英雄崇拜的时代中去?退化到所有的历史记载只不过记述君主和征服者创立丰功伟业的时代中?现代历史学更倾向于把人类历史事件追溯到那些更隐蔽、更普遍和更非人为的因素,即经济条件的强迫性影响、饮食习惯的变化、资源和工具运用方面的进步、人口增长以及气候的改变引起的人口迁移等等。在这些因素中,个人所起的作用只不过是大众倾向的解释者和代言人的作用。大众的倾向肯定要表达出来,而它总是通过偶然的机会由个别人表达出来的。

这是一些很完美、很合理的观点和方法,而它们却使我们注意到在我们思维器官采取的态度和我们正在努力了解和把握世界的实际状况之间存在着严重的差异。如果每个事件都有一种可资证实的原因就足以有必要让我们弄清它们之间的因果关系(确切地说这是绝对必要的)。[39]实际上,在我们身处的现实情况很难如此;与此相反,每一事件似乎都是早经确定的,都表现出是几种原因共同作用的结果。在这种极其复杂因素的威慑下,我们的研究往往用这些事件中的某一环节来反对另一环节,并建立起一些本来并不存在的对立,这些对立只不过是从一些更为全面的关系中割裂下来并人为地创立起来的。[40]因此,如果对某种特殊情况的研究证明了某个人的突出影响,我们用不着觉得良心不安,我们接受这种结论并不意味着在正统观念面前排斥那些普遍的、非人为因素的重要性。事实上,这两个方面都应该兼顾。当然,在一神教起源这一案例中,除了那些外部因素之外,我们只能强调那些已经阐明的因素,也就是说,这种宗教的发展与不同民族之间建立的更紧密的联系有关,与一个伟大帝国的崛起有关。

因此,我们将在因果链条(或者勿宁说是因果网络)中为"伟大人物"保留一个位置。但是,要弄清楚在什么情况下我们给人以"伟大"这个光荣称号也许毫无用处。我们也许会惊奇地发现,要回答这个问题并非易事。第一个公式——"如果一个人特别赋有我们高度珍视的品质,我们就这样做"。很显然,这个公式无论在哪个方面都没有说到家。比如,美貌和肌肉的力量,它们虽然很容易招人嫉妒,但并不能被称之为"伟大"。"伟大"之中可能存在一些精神的素质——心理和智力的特征。在这些方面,我们要坚持以下考虑:我们决不能仅仅因为一个人在某专业领域具有杰出才能就称其为伟人。我们当然不会把一位象棋大师或某种乐器的演奏家称为伟人;也没有必要把一位尊贵的艺术家或科学家勉强称为伟人。在这种情况下,我们应该自然而然地说他是个伟大的诗人、画家、数学家或物理学家,或者说是这个或那个领域的先锋派人物;但在把他们称为"伟人"之前,则需要三思而行。例如,当我们毫不犹豫地宣称歌德、达·芬奇和贝多芬是伟人时,除了他们瑰丽的作品引起我们的崇拜之外,必定还有些其他事情感动我们。如果我们不恰如其分地举出这些例子,人们很可能会认为"伟人"的桂冠是专为那种行动家——征服者、将军和统治者们——预备的,是对他们所具备的力量和所取得的成就的承认。然而,这同样不能令人满意,而且也与我们对许多无耻之徒的谴责完全矛盾,因为那些人也无可否认地对他们当时以及之后的时代产生过重大的影响。同样,我们也不能把成功作为区别伟人与否的标志,尤其当我们想到大量被不幸所困扰、没有取得成就就离开了人世的那些伟大人物的时候。

因此,就目前而言,我们倾向于做出这种结论,即为

"伟人"这个概念寻找一种明确确定的涵义是不值得的。这个概念似乎只是一个使用不严格的术语,并且略带任意地表示对超越某些人类发展水平的品质予以承认,这有点类似于"伟大"一词的原始字面意义。我们也一定还记得,我们感兴趣的并不是伟大的本性,而是他们藉以影响其同伴的手段。不过,既然这种探讨有导致我们远离所要讨论的目标的危险,我们将尽可能长话短说。

因而,我们理所当然地认为,一个伟人往往以两种方式影响他的同胞:即以他的人格和他所提出的观念。观念可能强调的是群众所渴望的某种古代人形象,或者可能给他们指出一个新的众望所归的目标,或者也可能以其他某种方式迷住他们。有时——这无疑是一种更主要的情况——人格本身在起作用,而观念起的作用则微乎其微。至于一个伟人何以变得如此重要,我们现在并非一无所知。我们知道,整个人类都对权威有一种强烈的需要,这个权威往往受到人们的推崇,人们在他面前卑躬屈膝,甘受他的统治,或许还会受他的虐待。我们已从个体心理学中了解到这种群众需要的根源是什么。这是每个人从童年开始就感觉到的对父亲的渴望,是对传说中的英雄所鼓吹的他已战胜了的那位父亲的渴望。现在我们才开始逐渐明白,我们赋予伟人的一切特征都是父亲的特征,而我们曾经徒劳地寻求的伟人的实质则在于这种一致性。思想的果断性、意志的力量、行动的能力都是父亲形象的一部分——但首要的是这位伟人的自主性和独立性,是他的那种可能发展成为残酷无情的神圣冷漠。人们必须崇拜他,人们可以信任他,但不可避免地也会害怕他。我们从下面这句话本身就应该认识到这一点:"除了父亲之外,谁还能是儿童心目中的'伟人'呢?"[41]

毫无疑问,这是一个父亲的伟大原型,在摩西这个人身上,则屈尊降驾而为贫苦犹太人的父亲,来向他们保证,他们是他亲爱的孩子。一个惟一的、不朽的、全知全能的上帝的观念一定会对他们产生绝对压倒的影响,对他来说,让他与他们订立一个契约并非过于卑劣。他曾允诺,倘若他们忠实地崇拜他、跟随他,他就关怀他们。对他们来说,要把摩西这个人的形象和他的上帝形象区分开来可能并非易事;在这一点上,他们的感觉是正确的,因为摩西可能会把他自己的人格特征糅合到上帝的性格中去——例如他的暴躁脾性和他的冷酷无情。倘若有一天他们果真杀害了他们的伟人,那么,他们无非是重犯了一种罪行——按照法律规定,这种罪行在古代是对神圣帝王的触犯和反抗;而且,如我们现在所知,这种罪行是一种回复到更古老原型的罪行。[42]

一方面,我们发现这个伟大人物就是这样发展到神性的;而另一方面,我们一定要记住,父亲也曾经是一个孩子。在我们看来,摩西所宣扬的伟大的宗教观点并不是他自己的财产:他是从埃克赫那顿国王那里借用过来的。而且,作为宗教创立者的埃克赫那顿的伟大之处已得到明确的证明,或许他一直在遵循着暗示,这些暗示是通过他的母亲的媒介,[43]或通过其他途径——从近东和远东各地——传递给他的。

我们无法再沿着这些事件的线索继续追寻下去了,但是,如果我们正确地认识到这些最初的步骤的价值,那么,一神教的观念就会像飞去来器一样又回到了它的出发点。这样看来,如果要把这种荣誉归于一位与新观念有关的人,似乎不会有什么结果。显而易见,许多人都参与了这个事业的发展并对它做出了贡献。再者,在摩西这里中断这条因果线索,而且无视那些发展了他的观点的后继者们,即犹太人先知的影响,这显然是不公正的。一神教的种子在埃及没有成熟。如果以色列人放弃了沉重而严格的宗教,同样的事情也会在他们当中发生。但是,从犹太人中经常出现这样一些人,他们复活了渐趋衰微的传说,更新了摩西提出的训戒和要求,他们不折不挠、锲而不舍,直到把失去的一切重新建立起来。经过几百年的不断努力,终于经过两次伟大的改革(一次发生在巴比伦的流亡之前,另一次在其后),完成了从普及之神耶和华向上帝的转变,摩西强迫犹太人崇拜的就是这个上帝。在已经成为犹太民族的人民群众中表现出来的一种独特心理倾向,其存在可由这个事实来证明:他们能够造就如此众多的个体,准备承担起摩西宗教的重担,以作为对成为上帝特选子民的报偿,或作为其他类似程度的奖励和报偿。

(三) 理智的进步[44]

要在一个民族中取得持久的心理效果,仅担保他们是神的特选子民显然是不够的。若要使他们相信它,并从这种信念中得出结论,也必须以某种方式向他们证实这一承诺。在摩西的宗教中,《出埃及记》就是这样一个证据;上帝,或以摩西命名的上帝,一直不厌其烦地以此作为他宠爱犹太人的证明。为了保持对该事件的回忆,他们开始过"逾越节",或者毋宁说,在一个早已形成的节日中插入了那一回忆的内容。然而,它只不过是一种回忆:逃出埃及只能属于朦胧而遥远的过去。目前,上帝宠爱他们的迹象是极其缺乏的;该民族的历史表明他们已经在上帝的面前失宠。如果各原始民族的神祇没有尽到他们的责任,没有保证这些民族取得胜利、获得幸福并过上舒适的生活,那么,原始民族通常会废黜他们的神,或者施加惩罚。在每一个时代,国王们所受到的对待和神并没有什么区别。这便揭示了一种古代的同一性:即他们是同根同源的。这样,假如现代人的国王由于被打败而丧失了王权,并相应地进行割地赔款,那么,人们照例会把他们的国王赶下台。但是,为什么以色列民族越是受到他们的上帝的虐待,就越是忠顺地依附于他呢?——这是一个不得不暂时搁置一旁的问题。

这可能鼓励我们去探究,这个民族除了由于意识到自己是上帝的特选子民,因而增强了自信之外,摩西的宗教是否并未给他们带来别的任何东西呢?确实,可以轻易地发现另一个因素。这个宗教也给犹太人带来了关于上帝的更为崇高的观念。凡相信这个上帝的人,都能分享他的伟大,都感到自己变得荣耀起来了。对于一个个信教的人来说,这并非完全不言而喻;但是,如果我们指出,一个身在异国的英国人,虽然由于这个国家发生叛乱而显得很不安全,但他却感觉到一种优越感——这种感觉在欧洲大陆的任何小国市民中是完全没有的——那么,对我们或许就能使这一点比较容易理解了。因为这个英国人依赖的是这一事实:即如果他的一根头发受到伤害,他的政府就会派军舰前来;而且,叛乱者也十分清楚这一点——而小国却根本没有军舰。由此可见,每一个英国人对大英帝国之伟大感到的骄傲,所感受到的更大安全性——即受到保护——都有着共同的根源。这可能类似于一个伟大上帝的观念。而且由于人们不能宣称帮助上帝来统治世界,因此对上帝之伟大感到的自豪就与被上帝所选中的自豪融汇在一起了。

在摩西宗教的戒律中,有一条比初看上去具有更为重要的意义,这就是禁止制作上帝肖像的戒律。它意味着强制人们崇拜一个不可见的神。我估计,就其严格性而言,摩西超过了阿顿宗教。也许他想与阿顿宗教前后一致:他的上帝不能有名称,也不能有可见的面容。这条禁令也许是反对滥用巫术的一项新奇的预防措施。然而,如果这条戒律被接受了,它必然要产生出一种深远影响,因为它标志着感官知觉让位于某种抽象理念,而且退居次位。这是理智对感觉的胜利,或者更确切地说,是一种伴随着其心理学必然结果的对本能欲望的克制。

为了使这些乍一看去并非显而易见的观点更为令

人信服,我们必须回顾人类文明发展过程中的某些具有同类特征的其他过程。其中最早而且最重要的过程只可能从原始时期的混沌状态中窥见到大致的轮廓,它的惊人的结果使我们确信它曾经发生过。在我们的儿童中,在成年神经症患者中,也和原始人一样,我们发现了一种同样的心理现象,我把它称之为信奉"思维万能"。我们认为,这是由于人类过高估计了自己的心理活动(在此种情况下是其理智部分)对外部世界施加影响的能力。所有的巫术(它们是科学的前身)基本上都建立在这类前提上:语言的一切魅力都能在这里找到位置;就像相信念颂某个人的名字就能产生力量的现象也都是由此产生的一样。我们猜想"思维万能"表现了人类在创造其语言过程中产生的骄傲,因为这个过程使他的智力功能得到了突飞猛进的发展。一个崭新的理智活动领域从此展现在他的眼前:与那些只涉及感官直接知觉内容的低级心理活动内容相比,这个领域中的概念、记忆和推论等等,开始具有决定性的意义。这当然是人类进化过程中最重要的阶段之一。

我们能更轻而易举地掌握后期的另一个过程。在那些外部因素的影响下(在此,对这些因素我们无须讨论。而且其中有些部分还不完全为人们所了解),母权制社会秩序被父权制社会秩序所取代——这当然包括以前一直盛行的程序法学领域的一场革命。这场革命的反响在埃斯库罗斯的悲剧作品《奥瑞斯提亚》中似乎还听得到。[45]但是,这种从母权制向父权制的转变又一次证明了理智对感觉的胜利——就是说,它是文明的一次进步,因为母性是由感性证据证明的,而父性则是根据一种推论和前提而做出的一种理性假设。以这种方式支持思想过程优越于感知觉的观点,已被证明是一个重大的措施。

在我曾经提到的那两个事件之间的某一时期[46],还有另一个事件与我们在宗教史中的研究有着极为密切的关系。人类发现自己被迫普遍承认"理智的"力量——这些力量虽然不能通过感觉(特别是视觉)来掌握,但它们却能产生不容置疑的而且确实非常强有力的影响。假如我们可以用语言作为证据,那就可以把语言说成是由于理智性原型所提供的空气运动,因为理智是从风的轻微流动——"阿尼姆斯"(animus)、"灵魂"(spiritus)和希伯来语的"呼吸"(ruach)——中获得这一名称的。和发现每一人类个体的理性原则一样,这也导致了心灵(seele 即灵魂)的发现。观察又一次在人的呼吸中发现了空气的运动:人一死亡,呼吸便停止;到这一天,一个濒死的人就会"呼出他的灵魂"。然而,现在精神世界(Geisterreich)向人们敞开着。他们做好了准备,要把在自己身上所发现的灵魂赋予大自然中的一切事物,使整个世界都是有生命的(bese6h);很久以后才出现的科学在重新消除它的一部分灵魂世界方面还有很多事情要做。确实,即使在今天它也尚未完成这一任务。[47]

摩西戒律的禁令把上帝抬高到理智的高度,而且开通了进一步改变有关上帝的观念的道路。对此以后还要予以描述。但是,我们可以首先考虑这条禁令的另一种作用。所有这些理智性进步的后果是增强了个体的自信心,使他感到自豪——这样一来,他便感到比那些沉迷在感官性之中的其他人优越。我们知道,摩西向犹太人传达了一种成为特选子民的自豪感。使上帝非物质化,为他们的秘密财富做出了卓有价值的新贡献。犹太人获得了他们对理智兴趣的倾向。民族的政治灾难教会了他们以其真实的价值来评价他们保留的那宗财产——即他们的文学。在台塔斯(Titus)毁坏了耶路撒冷圣殿之后,犹太法学博士乔查南·本·扎凯(the Rabbi Jochanan ben Zakkai)立即请求准许他在雅布内(Jabneh)开办第一所学习《圣经·旧约全书》开头五卷的学校。[48]从那时起,基督教《圣经》这部书以及相伴而生的理性关注就成了把这个分散的民族维系在一起的精神力量。

上述情况绝大多数是众所周知和普遍接受的。我所要做的只是补充一点：具有犹太人性质的这种性格特征的发展是由摩西反对崇拜有形上帝的禁令引起的。

大约两千多年来，犹太民族的生活中一直重视理智活动。这当然会产生深远的影响，它有助于制止凶残和暴力倾向，而在肌肉力量的发展成为普遍理想的地方，易于出现这种凶残和暴力倾向。希腊人在理智活动和身体活动的修养方面达到了和階一致，而犹太人却没有达到。在这两分法中，他们的决定至少有利于更有价值的选择。[49]

（四）本能的克制

为什么理智能力的进步，感觉能力的倒退，会提高一个人和一个民族的自信和自尊？这一点现在表现得还不明显，人们也不能很快理解这一现象。似乎可以预先假定存在着一个明确的价值标准，存在着保持这个价值的标准的另一个人或机构。为解释起见，我们不妨举一个我们已经了解的个体心理学的类似案例。

如果一个人的本我提出一个性欲的或攻击性的本能要求，那么，最简单而又最自然的事情是，支配着思维器官和肌肉器官的自我应该用行动来满足这一要求。自我为本能的这种满足而感到快乐，正如不满足它无疑会成为自我不快乐的根源一样。现在可能会出现一种情况，自我是由于某些外部障碍而避免满足这种本能的需要——就是说，当它觉察到这种行动本身会对自我造成严重危险时，它不会配合本能的冲动。放弃这种满足，即由于外部障碍而引起对某种本能的克制——或者如我们所说，为了服从现实原则——在任何情况下都不是令人愉快的。如果不可能通过能量的移置而减少本能自身的力量，那么，本能的克制就会由于不愉快而导致持久的紧张。不过,本能的克制也可以由其他原因引起,我们理当称之为内在的原因。在个体发展过程中,外部世界的一部分力量经过内化,在自我中便形成了一个机构,这个机构是在观察、批评和抑制意义上对付自我的其他部分的。我们把这个新的机构称为超我。从那时起,在使本我所要求的本能满足付诸行动之前,自我不仅要考虑外部世界的危险,而且要考虑到超我的反对意见,它将有更充足的理由节制本能的满足。但是,鉴于本能的克制在出于外部原因时只能是不快乐的,在出于内部原因时则服从于超我,因此,它具有不同的经济效果。除了不可避免地产生令人不愉快的后果之外,它也会使自我产生快乐——这可以说是一种替代的满足。自我感到被提高了;它为本能的克制而感到自豪,仿佛这是一个有价值的成就。我们相信我们能够理解这种产生快乐的机制。超我是个体的父母(和教育者)的继承者和代言人,父母(和教育者)曾在个体生活的最初阶段监督过它的活动；它几乎一成不变地行使着他们的功能。它使自我处于永久的依赖状态，并且不断对它施加压力。就像在童年时代一样，自我非常担心失去这位最高主人的爱；它觉得主人的赞许就是解脱和满足，而主人的谴责就会使良心感到痛苦。当自我为超我做出这种牺牲而进行本能克制时，作为报偿，它希望因此而获得它的更多的爱。它以获得这种爱的意识而感到自豪。当这个权威尚未内化为超我时，在失去爱的威胁和本能的要求之间可能存在同样的关系：当一个人出于对父母的爱而成功地克制住本能的要求时，就会产生一种安全感和满足感。但是，只有在权威本身已成为自我的一部分之后，这种愉悦感才能具有独特的引以为自豪的自恋性质。

对来源于本能克制的满足做出这种解释对我们理解我们想要研究的过程——当理智取得进步时自信心提高——有什么样的帮助呢？看起来这种解释没有多

少助益。因为具体情况是截然不同的。任何本能的克制都是不可能的,也没有为此而做出牺牲的第二个人或机构,我们很快将对这后一种说法表示怀疑。可以说,伟人就是权威,成就都是为他而取得的;而且,既然伟人本身的作用在本质上非常类似于父亲,因此,如果在群体心理学中他起到了超我的作用,我们也无须感到惊奇。同样,这种解释也适用于摩西这个人与犹太民族的关系。然而,在其他方面则无法确立恰当的类比。理智的进步在于决心反对直接的感知觉,而支持所谓高级的理智过程——即记忆、思维和推理。例如,尽管父权不能像母权那样用感官证据来确立,父权比母权更为重要,而且确定儿童应该为此而享有父姓并成为他的继承人。它也可以宣称,尽管我们的上帝像一阵大风或像灵魂那样看不见摸不着,但他却是最伟大和最全能的。对性要求或攻击性本能要求的拒斥似乎是与此大不相同的事情。另外,在理智能力取得某些进步的情况下——

例如,在父权制取得胜利的情况下——我们无法指出制定所谓更高标准的权威是什么。在这种情况下权威不可能是父亲,因为他只是被这种进步本身抬高到权威水平的。这样我们便面对着一种现象:在人类的发展过程中,感觉的威力逐渐被理智所克服,对于每一次这样的进步,人类都感到自豪和得意。但是,我们还无法说明为什么应该是这样。后来我们进一步发现,理智本身的威力又被信仰这种非常令人困惑的感情现象所压倒。在此我们有一句名言:"正因为它荒谬我才相信它",而且我们又一次看到在这一方面获得成功的任何人都把它视为最高的成就。或许,所有这些心理情境中共有的因素是某种别的东西。或许,人们干脆宣布:越是难以取得的东西就越高级,他们的自豪只不过是因为他们意识到克服了某种困难而增强了的自恋。

这些当然不是富有成果的考虑。人们可能会认为,这些和我们所探究的是什么决定了犹太人的性格这一问题没有什么关系。其实这种看法只会对我们有利;然而,以后我们还会发现一个事实,表明这和我们的问题有一定的联系。从反对制作上帝形象的禁令就已经开始的宗教,经过几个世纪的发展,愈益成为一种本能克制的宗教。这不是指它要求性欲节制;它满足于明显的性自由限制。然而,上帝却是完全解除了性欲的,并且被提高到了道德完善的理想境界。不过,道德伦理是对本能的一种限制。先知们从来不厌其烦地宣称,上帝除了要求他的人民采取一种公正的或有道德的生活方式和行为方式之外,别无所求——也就是说,要放弃所有的按我们今天的道德标准仍然视为邪恶的本能满足。与这些道德要求的严肃性相比,甚至人们信奉上帝的要求似乎也退居第二位了。本能的克制似乎就是以这种方式在宗教中起着突出的作用,尽管在宗教发展的初期它并没有明显表现出来。

为了避免误解,有必要在这里多说几句。虽然本能的克制和在此基础上建立的伦理观念似乎并不能构成宗教基本内容的一部分,但是从发生学上讲,它们与宗教内容有着密切的联系。图腾崇拜,我们所认识到的最早的宗教形式,所包含的宗教内容是宗教体系必不可少的成分。因为,它的许多要求和禁律除了是一种本能的克制之外,别无其他意义:对图腾的崇拜包括禁止伤害或宰杀代表图腾的动物,族外婚——也就是,克制对本部族中的母亲和姐妹的强烈欲望,承认兄弟联盟中的所有成员都有平等的权力——换言之,限制他们当中发生暴力竞争倾向。在这些禁律和规范中,我们可以发现道德和社会秩序的端倪。我们发现,有两种不同的动机在这里发挥作用。前两种禁令的作用是在被除掉的父亲方面:这两种禁令遵从他原本就有的意志。第三条禁令——承认联盟中的兄弟们有平等的权利——则无视父亲的意志:有必要永久地保持成功地除掉父亲之后所建立的新秩序,这种要求是合理的。否则,早期状态的复归就不可避免了。正是在这里，社会律法才开始与其他律法分离开来，我们可以说，其他律法是直接从宗教联系中产生出来的。

这一系列事件的基本部分在人类个体的发展中以简略的形式得到了重复。在这里，也是父母的权威——主要是专制的父亲借以威胁要惩罚儿子的权威——要求儿子克制本能冲动，并且决定什么是允许的、什么是被禁止的。后来，当社会和超我取代了父母位置之后，对儿童所谓的"表现好"或"淘气"便被描述为"好"和"坏"；或者"有道德的"和"邪恶的"。但是，这里讲的仍然总是同一回事——即在权威压力之下的本能克制，这种权威只不过是对父亲的取代和延续。

当我们考察神圣这个值得注意的概念时，我们的这些发现就会更深入一步。和我们高度评价并认为重要的其他事情相比，到底是什么东西在我们看来似乎是真正"神圣"[50]的呢？一方面，神圣与宗教事务有联系，这是确定无疑的。这种联系一直受到强调:所有宗教的事物都是神圣的,这正是神圣概念的核心内容。另一方面,人们无数次地尝试把神圣的特征适用于如此众多的与宗教毫无关系的其他事物——人、制度和功能——我们的判断往往受到干扰。这些尝试和努力带有明显的倾向性目的。我们不妨从与神圣有如此紧密联系的禁令的特征开始。神圣的东西显然是某种不可触摸的事物。一种神圣的禁令具有非常强烈的情绪色彩,但实际上却没有理性基础。例如,为什么与女儿或姐妹乱伦竟会是这样一种特别严重的罪行——竟比任何其他性紊乱都严重得多呢?[51]如果我们要求有一种理性基础,人们当然会说,我们的所有情感都对此深表反对。但是,这只不过意味着,人们把这条禁令视为不言而喻的,他们并不知道它有任何基础。

我们很容易指出这种解释的无效性。那种表现为侮辱我们最神圣感情的东西,在古代埃及和其他早期民族的主导家庭中竟然是一种普遍的风俗——我们可称之为一种变成神圣的习俗。一个法老理所当然地应该把他的妹妹作为他的第一个和主要的妻子;而且法老的后继者们,希腊的托勒密王公们,也都毫不犹豫地跟随着这种榜样。更确切地说,我们被迫认识到,乱伦——在这个例子中是哥哥与妹妹之间的乱伦——是一种特权,这种特权是凡人所没有的,只有作为神的代表的王公们才享有。同样,在希腊和日耳曼的传奇中,人们并不反对这类乱伦关系。我们可以推测,在我们的贵族们当中,严肃认真地坚持生而平等就是这种古代特权的遗迹,而且可以确定,由于在最高的社会阶层中多少世代的近亲繁殖的结果,今天的欧洲实际上是被一个家族的成员或第二个家庭的成员统治着。

在神祇们、国王和英雄们当中存在着乱伦关系的证据也有助于我们做出另一种尝试,这种尝试寻求从生物学上来解释对乱伦的恐惧,并将其追溯到对近亲繁殖所造成的恶果的一种模糊认识。但是,甚至在今天我们也还不能确定近亲繁殖会造成什么危险后果,更不用说原始民族能认识到这一点并予以防范了。在确定被允许的和被禁止的亲属关系的程度方面存在着不确定性,这个证据几乎无助于提出下列假设:即认为"自然感情"是对乱伦恐惧的最终基础。

我们对史前史的构想迫使我们做出另一种解释。倾向于族外通婚的法令(对乱伦的恐惧则是其消极的表现)是父亲意志的产物,在他被铲除之后这种意志却被延续下来。由此便使它产生了具有情绪色彩的力量,而且不可能为它找到一种理性的依据——这就是它的神圣性。我们有信心地预料,对神圣禁令的所有其他情况的研究会使我们得出和乱伦恐惧相同的结论:就其根源而言,神圣的东西不过是那位原始父亲意志的延续。这同样能说明那些表达神圣概念的词语的不可理解的矛盾性。正是这种矛盾性才普遍支配着与父亲的关系。

拉丁语的 sacer 这个词的意思不仅是指"神圣的","神圣不可侵犯的",同时还指我们只能译为"声名狼藉的","可恶的"东西。[52]父亲的意志不仅是一个人不能触摸、不得不高度尊崇的东西,也是在其面前令人不寒而栗的东西,因为它要求人们做出痛苦的本能克制。当我们听说,摩西通过把割礼的风俗介绍给他的人民,从而使他们变得神圣时,我们现在才理解到这一论断的深刻含义。割礼是阉割的象征性替代物,是那位原始父亲为充分显示其绝对力量施加给他的儿子们的。无论谁接受那种象征,谁就以此表明他准备屈从于父亲的意志,不管这使他付出了多么痛苦的代价。

回到伦理观念上来,我们可以得出结论说,它的一部分禁令之所以从理性上证明是合理的,乃是因为有心要划清社会对个人的权利、个人对社会的权利以及个体相互之间的权利。但是,那种在我们看来在伦理学上如此浮夸、如此诡谲,而且以某种神秘的方式如此不证自明的东西,都把这些特征归因于它和宗教的联系,归因于父亲的意志。

(五) 在宗教里什么东西是真实的

对我们这些缺乏信仰的人来说,那些相信存在着一个最高的上帝的人是多么令人嫉妒啊!对这个伟大的精灵来说,整个世界是不存在任何疑难问题的。因为所有这一切制度都是由他自己创造的。同我们所能做出的最竭尽全力、最微不足道、最烦琐细碎的解释相比,那些信徒们的教义是多么全面、多么详尽而又多么明确啊!这个神圣的精灵本身就是完善伦理的理想,他向人类传播了这种理想的知识,同时竭力使人类自己的本性与他相似。人类就能直接感受到什么是高尚与尊贵,什么是低贱与卑劣。无论在任何时候他们的感情生活都是根据他们与理想的距离来衡量的。当他们趋近于它——也可以说当他们在近日点时,他们便感到很大的满足；当他们在远日点，即远离它时，惩罚便使他们深感不快。所有这一切的确定和到来都是如此简单明了而又不可动摇。我们只能感到遗憾：在这个世界上，某些生活经验和观察竟然使我们不能接受存在着最高上帝这样一个前提。仿佛这个世界上还没有足够的谜似的，我们如今面临着一个新的问题，即弄清这些人如何获得他们对神圣上帝的信仰，以及这种信仰是从哪里获得其巨大力量，使它能够压倒"理性与科学"[53]的。

让我们重新回到我们迄今一直探讨的这个更朴实的问题上来。我们企图解释犹太民族独特性格的起源，这种性格很可能就是使他们得以生存到今天的东西。我们发现，摩西这个人通过赋予他们一种宗教——这种宗教大大地增强了他们的自信，以至他们认为自己比所有其他民族都优越，而使他们铸就了这种性格。此后，他们便与其他民族区分开来而生存下来。血统的混杂对这一进程很少妨碍，因为使他们维系在一起的是一种理想因素,即共同拥有某种理智的和情感的财富。摩西的宗教之所以导致这一结果,是因为:(1)它允许人民分享上帝这一新观念的伟大;(2)它声称犹太民族已被这个伟大的上帝所选中,并且注定会证明是他特别宠爱的民族;(3)此外,这一点本身就十分重要,以至于他把理智的进步强加于该民族,为正确评价理智活动和进一步克制本能廓清了道路。

这就是我们所得出的结论。而且,虽然我们不想收回我们所说的一切,但我们也无法隐瞒,这里多少有一些不怎么令人满意的东西。譬如说,原因和结果不怎么吻合,我们想要解释的事实和我们用以解释它的东西似乎不相匹配。或许,我们迄今所做的一切研究尚未揭示出全部动机,而只是发现了一层表面现象,而在它的背后还有另一个非常重要的因素有待发现。鉴于生活中和历史上一切因果关系的极端复杂性,出现这种结果是可以预料的。

如何接近这个更深层的动机,我们似乎在以前某一特别之处讨论过。摩西宗教的作用并不是一蹴而就、立竿见影的,它显然是以一种间接的方式产生影响的。因为这是一个铸就民族性格的问题,这就意味着它并不仅仅没有马上起作用,还意味着要发挥它的全部作用需要很长时间,比如几百年。这是一条不证自明的真理。但是,这种局限性与我们从犹太教的历史中获得的——或者说,如果你愿意的话,与引入犹太教中的——一个事实有关。我们已经说过,经过一段时期之后,犹太民族又一次放弃了摩西宗教——至于他们是完全放弃了,还是保留了它的某些戒律,我们不得而知。如果我们认为,在夺取迦南的那一段漫长岁月里,以及与居住在迦南的各民族的斗争中,耶和华宗教和其他太阳神崇拜(巴利姆神)基本上没有区别,那么,不管后期的所有意向性努力如何致力于在这些可耻的往事上蒙上一层面纱,我们仍将立足于历史的基础之上。

然而,摩西宗教并未销声匿迹。通过古老的记录方式,或许在祭司阶层的某些个别成员中,保留着对它的既模糊又有些歪曲的记忆,也有一些对它提供支持的记忆。而且,正是这一关于辉煌历史的传说继续在背后发挥着作用,可以说,它慢慢地获得了对人的心灵的越来越多的影响力,并且最终成功地把耶和华神变成了摩西神,把已经建立、随后又早在许多世纪以前被抛弃了的摩西宗教,重新召回到生活中来了。

在本研究的前部分[第一部分的(三)、(四)、(五)三节],我们已经考虑到,如果我们想使这种传说的成就被人理解,理当做出什么样的假设才好。

(六) 被压抑的复归

在心理生活的分析研究所教给我们的东西中,有大量十分相像的过程。有些可被描述为病理过程,另一些则可视为各种各样的正常事件。但这无关紧要,因为这两者(病理事件和正常事件)之间的界限并不是那么明确地划定的,在很大程度上,它们的机制是相同的,而更为重要的是,这些变化是发生在自我本身内部,还是他们在面对自我时与它格格不入——在后一种情况下,这些变化应视为症状。

为了阐明我的观点,我将从我所掌握的大量材料选出一些涉及性格形成的病例。例如,某个年轻姑娘形成了同她母亲极端相反的性格,她培养自己具备了在她看来母亲没有的性情,同时避免了任何引起她想到母亲的所有特征。可是我们不要忘了,在她幼年的时候,她像任何别的女孩子一样,一直处处仿效母亲。只是到了后来,她却逐渐起劲地反抗这种认同了。然而,当这个姑娘结了婚,为人妻为人母之后,我们却惊奇地发现,她变得越来越像她从前曾经格格不入的母亲了,她原来克服了的那种对母亲的认同作用最终不容置疑地重新树立,并且再次明显占了上风。对男孩子们来说,也存在类似的情形。就连伟大的歌德也是如此：在血气方刚的青少年时代，他当然不太尊重他那固执己见而又嗜好引经据典的父亲，可是在老年时期，他却形成了同他父亲一样的性格特征。被比较的父子或母女之间的性格差异越大，这种结果就越明显。有个男孩，他命中注定要随一无是处的父亲生活和成长。尽管如此，他长大后却成为一个能干的、值得信任而且令人尊敬的男子。但是，在他壮年的时候，他的性格发生了倒转，从那时起，他为人处事好像总是以他父亲作为榜样了。为了不至于离题太远，我们必须记住，在这种过程的开始时期，总是存在着对自幼生活在一起的父亲的认同作用。这种认同随后被弃绝，甚至走向了反面，可是最终又不知不觉地确立起来。

童年生活前五年的经历会在人的一生中具有决定性的影响，以后生活的事件中，都无法挽回这种影响。这在很早以前就已成为一种常识。这种童年初期经验怎样对抗成熟之后要矫正它们的努力,这一问题值得探究,我们也可以谈出点东西,但这个问题与本文主题无关。不过,当我们有理由确信,孩子们的心理器官还未能完全胜任接受某种经验时,该经验就会产生最强烈的强迫性影响,这也许就不再是那么众所周知的常识了。这种事实本身无可怀疑,但它是那样令人迷惑,我们也许可以借助一个比喻使它更易于为人理解:这种过程可以比做一张底片,过一段时期它又可以被重新显影洗印成相片。这里,我乐于举一个富于想象力的作家 E. T. A. 霍夫曼为例,他怀着作家们所特有的自信,预示了我们这个令人不愉快的发现。当他还是妈妈怀中的婴儿时,他曾跟随母亲坐邮政马车做了一次为期几周的旅行。在此期间他看到了许多人和事,留下了深刻印象。[54] 在他后来创作的时候,他借助这些印象虚构了许多人物。一个人并不可能理解,也不可能记住两岁时期经历过的事件。但这些事件可能在他后来的梦中出现;

只有通过精神分析治疗,他才能开始意识到那些事件。然而,在他后来的生活中,这些事件随时都可能以强迫性冲动的形式闯入他的生活,指引他的行动,迫使他同情或不同情某些人,并且经常以某种很难从理性基础上加以解释的偏好来选择恋爱对象。在我们探讨的事实中,下面两点显然是不容误解的。

其一是所涉及时间的久远性[55],我们在此把它当成一个真正具有决定性的因素来考虑——比如说,在我们列为"无意识"童年时期经验的特殊记忆状态中。我们期望在这种特征当中寻找到和一个民族心理状态(我们一直试图把这种心理生活归因于历史传说)的相似之处。当然,要把无意识概念引入群体心理学不是一件轻而易举的事情。

引起神经症的那些机制经常能帮助我们发现自己正在寻找的那些现象。在神经症中,同样是童年期那些决定性的经验起作用,然而在这种情况下强调的不是那种时间因素,而在于那一事件的过程以及由此引起的反应。我们来概略地表述如下:由于某种经验的缘故,一种要求获得满足的本能需要产生了。自我拒绝了这种满足,要么是因为这种过分的需要使它无力应付,要么是因为它觉得这种需要隐含着危险。[56]其中第一个理由更为主要,这两者都最终避免了危险情境的发生。自我通过压抑过程防止了这种危险。本能冲动被以某种形式抑制下来;而它的刺激,以及属于这种刺激的观察和知觉则被忘却了。不过这并不是上述过程的终结,要求获得满足的本能或者仍然保持着它的力量,或者将重新获得这种力量,以便东山再起,或者,这种力量将由于一种新的刺激性诱因被唤醒起来。它将重新提出自己的要求,而且,由于达到正常满足的途径被我们所谓的"压抑的疤痕"阻截,它在某些薄弱环节为自己开辟了一条新的途径,达到了那所谓的替代性满足。由于既没有得到自我的同意,也没有得到自我的理解,这种替代满足现在表现为一种症状。所有这些症状形成的现象都可以被公正地称之为"被压抑意识的再现"。[57]然而,它们当中的最特别之处还在于,这些再现出来的资料与其原始状态相比,已经遭受了严重的歪曲。这里也许有人会反对说,在这最后一组事实中,已经使我们完全偏离了正题;他们会认为上述内容与传说没有相同之处。但是,如果这已经使我们更容易解决本能的克制这一问题,我将不会觉得惭愧。

(七) 历史的真理

为了使人们更相信,摩西宗教只是作为一个传说时才对犹太民族产生影响的,我们已经探讨了所有这些心理学上发生的转变。或许我们所获得的,只不过是一定程度的可能性。然而,我们不妨假设,我们已经完全成功地证明了它。但即便如此,读者可能只得到这样的印象:我们无非只满足了所要求的事物的质量因素,而并没有满足数量因素。和宗教——当然也包括犹太教——起源有关的一切,都有某种宏大的成分,而这和我们迄今所做的解释并不相吻合。其中一定包括了某种其他因素,它是一种难以类比、也决非同一种类的因素,多少有点独特,其大小与源出之物多少有点相当,就像宗教本身那样。

现在让我们从相反的方向来解决我们的问题。我们已经理解到,原始人非常需要一个上帝来作为世界的创造者,作为部落的头领,也作为个人的保护者。这个上帝是那些部落死去的父亲的后盾,对此,传说总是仍有很多话要说。后代的人类——例如我们时代的人类——在这方面的表现依然如故。他同样保留着孩子气,并且需要保护,甚至当他完全长大成人时也是如此;他感到自己不能没有上帝的支持。如此众多的事实是不容怀疑的。但是人们心目中为什么只能存在一个上帝?为什么从择一神教(信仰多个神祇中有一个主神)[58]到一神教的发展能够获得如此压倒的优势？这却不是那么容易为人所理解的问题。当然，如前所述，那些信奉上帝的人分享着他的伟大，这个上帝越有力量，他所给予的保护也就越更可靠。然而，上帝的力量也没必要非得以他作为惟一神为先决条件才能体现；如果在他之下还有其他神，许多民族就赞美他这个主神；他们认为他并未因为在他身边有其他诸神的存在而失去他的伟大。如果这个上帝成为普遍性的，并且同等地照料所有的国家和民族，那也就意味着丧失某些亲密关系。这好比说一个民族和其他民族一起分享这个上帝。这一点能够进一步表明，关于惟一上帝的观念本身标志着理智发展的进步。但是，这一点不能被过高估价。

不过，虔诚的信徒们知道如何恰当地填补这种动机因素中的明显的空白。他们说，一个神的观念之所以对人类产生如此巨大的作用，是因为它是不朽真理的一部分，这个被长期埋没的不朽真理终于显露出来，而且此后必将伴随每个人的一生。我们必须承认,这种因素毕竟是一个使这一伟大主题及其伟大效果相匹配的因素。

我们也乐于接受这种解决问题的方法。但我们仍然心怀疑虑。这个虔诚的论据是建立在乐观主义和理想主义前提之上的。它不可能在其他方面证明人类的理智对真理有特别良好的鉴别力,或者人类的心理表现出具有认识真理的任何特殊倾向。相反,我们毋宁发现,倘若没有预先警告,我们的理智很容易误入歧途,什么东西也不如能符合我们的愿望幻觉的东西(不论它是否是真理)更容易使我们相信的了。为此,我们不得不对我们的论据有所保留。我们也相信这种虔诚的解决方法包含着真理——但这是历史的真理,而不是物质的真理。我们有权来纠正真理复归时所受到的某种歪曲。也就是说,我们并不相信当今只有一个伟大的神,而是认为在原始时代只有一个在当时看起来一定十分伟大的人,他后来又重新回到人们的记忆中,并被提高到了神圣的地位。

我们曾经假定,摩西宗教开始受到拒斥和部分遗忘,后来则作为一个传说而重新表现出来。我们现在假定,这个过程正在第二次被重复着。当摩西给该民族带来一个神的观念时,这并不是什么新奇的事,而是意味着复活了早在人们的意识记忆中消失了的人类大家庭在原始时代的经验。不过,它曾经是如此重要,并曾为人类生活中如此深刻的变化开辟或铺平了道路,以至于我们不得不相信,它曾在人类心灵中留下一些永不磨灭的痕迹,这些痕迹堪与某种传说相比拟。

对不同个体进行的精神分析使我们认识到,他们在几乎还不会讲话时获得的最早期印象,后来将以一种强迫症形式表现出来,尽管那些印象本身并没有被有意识地记忆下来。我们相信对人类的最早期经验也同样可以做出这样的假设。关于惟一上帝的观念就是由此产生的,这个观念完全应该被看成是一种记忆;当然,它是一种被歪曲了的记忆,但毕竟是一种记忆。它有一种强迫性特征,从根本上说它应该被当成既成事实为人所相信。就它所遭受的歪曲程度而言,它也许可以被称为一种妄想;而就迄今为止能够重现过去而言,它应该称为真理。精神病妄想也包含着一点真理,病人的说服力就由此而来;并且扩大成围绕着它的整个妄想性的谎言。[59]

下面几页谈到的内容,几乎都是我在本书第三篇论文(即本文)第一部分里提及过的,在这里只是稍做修正而已。

1912年,我曾在《图腾与塔布》一书里设想过重建产生所有这些影响的古代情境。这样做时,我利用了查尔斯·达尔文、阿特金森和罗伯逊·史密斯等人的理论观点,特别是利用了罗伯逊·史密斯的理论,并且把他的理论与精神分析学实践中的发现和设想结合起来。从达尔文那里,我借用了下述假设:人类最初是在小型游牧群体中生活的,每一群体都在一个年长的男性统治之下,他用野蛮的暴力实施统治,独占所有的女性,并奴役或杀害所有的年轻男性,包括他自己的儿子。沿着这一思路走下去,我从阿特金森那里接受了下述设想:由于儿子们的反抗,这种父权制度走到了末路,儿子们团结起来反抗父亲并战胜了他,一起把他生吞活剥了。遵循着罗伯逊·史密斯的图腾理论,我认为这种原来由父亲统治的群体后来被图腾制的兄弟部落所取代。为了能够彼此相安无事,那些取得胜利的兄弟们放弃了群体内的女人,杀掉了父亲,同意实行族外通婚。父亲的权力被打破了,家庭开始由母权来管理,在后来的整个发展阶段,儿子们对父亲的矛盾情绪都起着作用。某种动物被定为图腾来代替父亲的位置,它代表着他们的祖先和保护神,任何人都不准伤害和杀掉它。然而,每一年中,整个部落的男性都要汇集起来举行一次庆典宴会,在这次宴会上,那种在其他时间和场合一直被尊崇的图腾动物被宰杀并分成碎块被众人吃掉。每个人都必须参加这次宴会:它是谋杀父亲的情景的仪式性的庄严重演,在这个过程中,社会秩序、道德戒律和宗教等都得以诞生。罗伯逊·史密斯所描述的图腾宴与基督教圣餐的相似之处已经使在我之前的许多作者们感到震惊。

我至今仍然坚决支持这种思维程序,由于我没有在最近出版的著作里改变我的观点,我已经频繁地遭到攻击,因为实际上现在许多民族志学家都毫不糊涂地放弃了罗伯逊·史密斯的理论,并且在某种程度上提出了与它完全不同的理论来取代它。我应该说明,我是非常了解科学领域中这些尚未证实的进步迹象的。但是,是这些新观点正确?还是罗伯森·史密斯的理论有错误?我看这两者都缺乏说服力,都不能定论。矛盾的东西并不一定互相排斥,某种新理论也并不必然标志着进步。况且,说到底,我并不是一个民族志专家,而是一个从事精神分析学研究的学者。我有权利从这些民族志资料中选取对我的精神分析学研究有益的资料。极富天才的罗伯逊·史密斯的著作为我提供了有价值的观点,也为我提供了运用这些观点的可贵建议。我自己找不到任何理由与他的反对者同流合污。

(八) 历史的发展

我在这里不可能重述《图腾与塔布》一书的详细内容,但是我必须解释清楚,我所设想的那些发生在原始时代的事件和一神教在历史上的胜利之间存在着长时期间隔。在兄弟群体、母权制、族外通婚和图腾制度交错建立起来之后,历史上出现了一个缓慢的发展过程,我们必须把它描述为"被压抑的复归"。我们这里不是把"被压抑的"这个名词当成专门术语来使用,而是指一个民族生活中某种过去的、消失了的、被克服了的东西。我冒昧地把它和个体心理生活中的被压抑材料相比较。我们不能仅凭蜻蜓点水的粗糙印象就断定,在原始的混沌时代中那种过去的东西是以什么形式存在的。要把个体心理学的概念转换到群体心理学中去颇费周折,而且我觉得,介绍一种"集体"无意识概念,并不能保证我们可以获得任何东西。但是,无意识的内容确实是集体的,是人类普遍具备的所有物。因此,眼前的问题我们只有运用类推的方法来研究。我们这里所探讨的某个民族的生活过程与我们所知的精神病理学中的那些过程非常相似,但又不是全部相同。我们只能得出这样的结论,接受这样的假设:即原始时代的那些心理沉淀已经成为一种遗产,每一代新人,都只需重新唤醒它,而不必获得它。这里我们可以用语言象征手法为例来说明:它显然是一种与生俱来的能力,起源于语言能力发展的阶段,所有的幼儿在未经特别训练之前就都对此很熟悉,无论操什么语言的民族都是如此。至于我们尚无把握确定的东西,我们可以从精神分析学家研究的其他成果中得到。我们发现,在许多重要的关系当中,儿童们对于事物的反应并不是以自身的经验为依据,而是像动物一样做出本能性的反应。这种反应方式只有用种族遗传的观点才能解释。

被压抑的复归是缓慢发生的,而且肯定不是自动地发生的,而是在充满人类文明史的生活条件所产生的所有社会变迁的影响下发生的。在这里,我对这些决定因素所做的考察,只不过是对这种复归的各个阶段做些片断的说明。父亲再次成为家庭的首脑,但他再也不像原始部落的父亲那样拥有绝对权力了。在至今仍然可以清晰分辨的一系列变化过程中,图腾动物被惟一神所取代。开初的时候,这个具有人形的神仍然长着一个动物的脑袋;后来,他宁愿把自己变成那个特别的动物,此后这个动物变成了他的圣物,成了他最喜爱的侍从;或者是他杀死了这种动物,以它的名称当做他自己的称号。在出现图腾动物和出现神之间的过渡时期,英雄出现了,他通常是把人神化的早期阶段,关于一个最高的神的观念似乎很早就开始了,最初只是以一种模糊的方式,并未引起人们的日常兴趣。随着各民族和部落结合成为更大的单位,这些神也组织成了家族,并且分化出了等级秩序。其中有一个神常被提升为超越于诸神和人之上的最高统治者。此后,人们犹豫不决地采取了进一步的措施,那就是只尊重一个神;最后人们做出决定,把所有的权力只授予一个单一的神,而且不容忍除他之外的其他诸神的存在。只有这样,原始部落父亲的那种最高权威才得以重建,对他的那些感情才再次得以表达。

把人们长期思念和渴望的上帝迎接回来,这一事件最初所产生的影响是压倒一切的。这就像传说中描述的在西奈山上制定和赋予法典时的情形一样。犹太人对在上帝眼里发现如此恢宏的恩泽而感到倾慕、敬畏和感激。摩西宗教除了对父亲之神的这种积极情感之外一无所知。在部落父亲的那些柔弱无助、被吓坏了的儿子们那里,坚信上帝的不可抗拒性,服从他的意志等,从来没有如此毫无疑义过——确实,只有当这些感情转变到原始时代的和婴儿时期的情境中去时,我们才能充分理解这些感情。一个儿童的情绪冲动是非常强烈和极其深刻的,在一定程度上远非成人可比;只有对宗教的迷狂才能使这些冲动重新表现出来。这样一来,人们对伟大父亲复归的第一个反应就是一种献身上帝的狂热激情。

父神宗教所采取的方向就以这种方式永久地固定下来了。但是,这并没有结束其发展进程。情感矛盾心理是父子关系实质的一部分:随着时代的发展,敌意也不会不受到触动,这种敌意曾经驱使儿子们去杀死他们既崇敬又畏惧的父亲。在摩西宗教的框架中,没有可以直接表达杀死父亲的敌意。能表现出来的所有一切就是对它做出强有力的反应——即由于这种敌意而引起的负罪感,由于曾经犯下了反对上帝之罪、而且由继续犯这种罪造成的邪恶良心所引起的罪疚感。而且,这种罪疚感——它曾不断地被先知们所提醒,不久便成为宗教体系的一个基本组成部分——表面上还有另外一种动机,这一动机巧妙地掩盖了其真实根源。对犹太民族来说,情况变得越来越糟,受到上帝宠爱的希望一直未能实现;要保持成为上帝特选子民的幻觉,即比任何别的民族都更受宠爱,已经不那么容易了。如果他们希望避免放弃这种幸福,那么,由于他们自己犯罪而引起的罪疚感,就为申明上帝无罪提供了颇受欢迎的方式:即由于他们没有服从上帝的命令,他们应该受到上帝的惩罚。而且,受满足这种罪疚感需要的驱使(这种罪疚感是不能满足的,更何况它们有着更深的根源),他们必须把那些宗教禁令制订得更加严格和细致,甚至更加琐碎。在新的道德禁欲主义狂热中,他们对自己施行了新的越来越多的本能克制,而且通过这些方式达到了——至少在宗教教义和道德箴言中——古代其他民族都未能达到的道德高度。许多犹太人把达到这种道德高度视为他们宗教的第二个主要特点和第二个主要成就。它与第一种成就——即惟一神的观念——联系的方式，在我们的讲述中应该很清楚明白了。但是，所有这些道德观念都不可能否认它们起源于一种负罪感，这种负罪感是由于对上帝的敌意受到压制而引起的。它们具有强迫性神经症反向作用的特点——这种特点是不完全的，而且不可能是完全的；我们也能猜出，它们是服务于惩罚和治罪这一秘密目的。

进一步的讨论引导着我们跨越了犹太教的范围。从原始父亲这一悲剧中所恢复的其他因素，不再以任何方式与摩西宗教相一致。那些时代的负罪感已不再仅限于犹太民族；它像一种沉闷的疾病纠缠着地中海沿岸各民族，这是一场灾祸的前兆，谁也找不到任何理由解释这一现象。我们时代的历史学家们说它是一种古代文明的老化，但是我怀疑他们只掌握了这些民族抑郁心境的一些偶然的和部分的原因。对这种抑郁情境的说明是由犹太人首开先河的。尽管在周围世界中有各种非常类似的、切近的探索和准备工作,最先认识到这种情况的毕竟是一位犹太人,即塔瑟斯的扫罗(Saul of Tarsus)(他成为罗马公民后,自称为保罗)。他认为:"我们之所以如此不幸,就是因为我们杀死了上帝父亲。"完全可以理解,他只能以幻想地伪装成喜讯的形式来把握这种真理:"我们已经从所有罪恶中被拯救出来,因为我们当中的一个人为了开脱我们的罪责而牺牲了他的生命。"在这种说法中,杀死上帝的事当然没有提到,但是,必须通过牺牲一条生命才能赎还的罪恶,却只能是一种谋杀。而且,通过保证牺牲的人是上帝的儿子,从而为幻想和历史真理之间的联系提供了媒介,借助从历史真理的源泉中获得的力量,这种新的信念便扫除了一切障碍。被上帝选中的愉悦感被获得救赎的解放感所取代。但是,在回到人类记忆的过程中,弑父这个事实却不得不克服比其他事实更强烈的抵抗,这个事实构成了一神教的主题[60];它也不得不受到更强有力的歪曲。这种无法言传的罪恶被一种必须描述为含糊其词的"原罪"的假说取而代之。

原罪和以牺牲而做出的赎罪成为保罗所建立的新宗教的基础。在反叛原始父亲的兄弟团伙中是否有一个参与谋杀行动的头目和鼓动者?或者这个人物是否是后来富有创造力的艺术家们通过想象而虚构出来的(其目的旨在使他们成为英雄),然后再引入传说中来?对这些问题我们尚不能给出确定无疑的回答。在基督教教义打破了犹太教的基本观念之后,它从许多其他来源中吸收了一些成分,放弃了纯粹一神教的许多特点,并使自己在许多细节方面适应了地中海沿岸其他民族的仪式。仿佛是埃及再次对埃克赫那顿的后继者们施行报复似的。值得注意的是这种新宗教是怎样处理父子关系中那种古老的矛盾心理的。的确,它的主要目的与上帝父亲重新协调一致,补赎因反对他而犯下的罪;但是,这种感情关系的另一面却表现在下述事实中:以自身来赎罪的儿子自己成了父亲身旁的一个神,实际上就取代了父亲;起源于一种父亲宗教的基督教变成了一种儿子宗教,它并没有逃脱不得不废黜父亲的命运。

犹太民族中只有一部分人接受了这种新宗教,那些拒绝接受的人今天仍然被称为犹太人。由于这种分裂,他们比从前更加远离其他民族,他们必定遭受来自新宗教团体的谴责;一,即谴责他们曾经杀害了上帝。除了犹太人之外,这种新宗教团体,还包括埃及人、希腊人、叙利亚人、罗马人以及日耳曼人。我把这种谴责的全部内容抄录如下:"他们不肯承认他们杀害了上帝,而我们却承认了,并且因此涤除了这种罪恶。"这样,要理解这种谴责背后所包含的真实情况就容易了。为什么犹太人未能加入到这种尽管存在许多歪曲但却承认了杀害上帝罪行的进步行列当中,这一问题也许将成为一项特别的研究题目。在某种意义上,可以说,他们通过这种方式肩负了一种悲剧性的罪恶,他们已经注定要为之蒙受沉重的苦难。

我们的研究也许已经能在某种程度上表明,犹太民族怎样获得了使自己变得突出的那些性格特征。他们何以能够成为一个实体并存留至今,这个问题显然不如上一个问题那么容易解决。然而,公正地说,我们不可能指望、也没有理由要求对这种谜一样的问题做出详尽无遗的回答。鉴于我在本书开头提到的那些局限性,我所能做的贡献也只能到此为止了。

---

[1][指前面的论文一和论文二,现在开始的是论文三。]

[2]我并不赞同我的同时代人萧伯纳的见解,他认为,如果人能活到300岁,那么任何好事都能够做到。我觉得,除非生活条件发生很多其他的根本变化,不然的话,生命的延续将一无所获。

[3][载《图腾与塔布》(1912—1913)。]

[4][弗洛伊德似乎在4年前(即1934年)就已经开始了本文的写作,或许在1936年做过第一次较大的修改。]

[5]在这里,我是从关于摩西第二次研究发现(也就是第二篇纯粹历史的研究)的摘要开始的。这些研究成果不会遭致任何新的批评,因为它们形成了心理学探讨的前提,这种心理学分析从它们开始,并且不断地回到它们那里去。

[6]例如,那位在特尔·埃尔-阿马尔那(Tell el-'Amarna)发现了其工作室的雕刻师。

[7]这与《圣经》里的有关记载相吻合,[《民数记》(14,33)]就有在荒野中游荡40年的记录。

[8]因为,我们早就应当把公元前1350年(或者1340年)至公元前1320年(或者1310年)作为摩西时期;公元前260年,或者毋宁说得更往后些,作为卡代什时代;把美伦普塔石碑定在公元前1215年以前。

[9][参见《精神分析纲要》第四章的一个脚注(弗洛伊德,1940a,160页下)。]

[10] 奥尔巴克(1936,2)。

[11] 这是麦考利(Macaulay)的《古罗马叙事诗》一书所依据的基础材料。在这本书里,他把自己置于吟游诗人的位置,这位吟游诗人出于对自己时代烦乱复杂的党派之争的压抑感,向他的听众们展示了他们的祖先是如何充满自我牺牲、团结一致的爱国主义精神的。

[12] 假如,一个人准确地把这些早期阶段情况的考察和考虑排除开来,且还是在进行精神分析,这简直就是胡扯、荒唐,也就像某地方所发生的那样。[参见弗洛伊德在他的《精神分析运动史》(1914d)中对荣格观点所做的批评,特别是在标准版,14,63]。

[13] [参见《精神分析导论讲演》(1916—1917)第十三讲,标准版,15,200—201。]

[14]《儿童的性理论》(1908C,标准版,9,220—222)。

[15] [对内部精神现实和外部世界现实之间的区别在1895年的《科学心理设计》(1950a,标准版,1)一书第三部分第二节中已经做了划分。在该书的一个编者注中将发现关于弗

洛伊德使用这些术语的讨论。]

[16][参见《可终结的分析和不可终结的分析》(1937c)一文编者注中的一次讨论,第212—213页以下和该论文第五节。]

[17][弗洛伊德总是用这个术语,意思是指一个小型的,或多或少组织起来的群体。参见《图腾与塔布》,标准版,13。]

[18][这是第二部分(四)节的主题。]

[19][本文中大部分的材料在《图腾与塔布》的第四篇文章中以更大的篇幅进行讨论,尽管在这里比在任何别的地方都更多地讨论了母性神(关于这后一种观点,参见以上脚注。也请参见《群体心理学》)(1921c,标准版,18,135及137)。在下面的第二部分的(四)中重新探讨了这个一般主题。]

[20][这句话出自特突里安(Tertullian)。弗洛伊德在《一个幻觉的未来》(1927c)中对此做过讨论,标准版,21,28—29。]

[21][锡安山(Zion)是耶路撒冷的一座山,被犹太人视为圣地。"锡安山长者"的阴谋意指犹太复国主义。]

[22]["理智的进步"是本文第二部分(三)的题目。]

［23］欧内斯特·琼斯(Ernest Jones)指出杀死公牛的密斯拉神(the god Mithras)可能代表着这个炫耀自己行为的头目。众所周知,密斯拉崇拜很久以来一直同年轻的基督教信仰争夺最后的胜利。

［24］关于这个主题,可参见弗雷泽(Frazer)在《金枝》的第三部分《濒死的上帝》中所做的著名讨论(弗雷泽,1911)。

［25］[《弗洛伊德全集》(16,196),"被复活的摩西,而隐藏其后的"这几个字从句中略去了。]

［26］[我们将回忆起弗洛伊德在他的《自传研究》(1925d)中提到过一个传说,他父亲的家族很久以来就定居在科隆了(标准版,21,7—8页)。]

［27］[参见"微小差异的自恋",载《文明及其不满》(1930a,5,21,114页),其中也对反犹主义做了讨论。]

［28］[在《"小汉斯"的案例中》(1909b,标准版,10,36)的一个脚注中,弗洛伊德似乎第一次提到反犹太主义在阉割情结和割礼中的潜意识根源。在1919年对列奥纳多(1910c,标准版,11,95—96)的研究补加的一个脚注中,他重复了这一观点。

在《文明及其不满》中对反犹太主义的参考文献已在一个编者脚注中提到了。但是,现在的这个讨论比这类讨论中的任何一个都精致得多。这一主题再次成为弗洛伊德对一份巴黎杂志撰写的小文章的题目(1938a)。]

[29] [或许可以评论,这些缩略的表达是在间隔很长时间之后,才最终在这里表现出来的。除了在《精神分析导论讲演新篇》(1933a,标准版,22,71—72)的第三十一讲中出现过几句话之外,自从大约15年前在《自我与本我》(1923b)中确定了心灵的结构以来——在编者引言中对此曾有详尽论述(标准版,19,4)——就完全不再使用了。奇怪的是,在本著作中又把它们运用起来,这与弗洛伊德在"描述性"意义上的通常做法大相径庭。实际上,这些缩略的表达也在《精神分析纲要》(1940a)的手稿中使用过。尽管在那部手稿中和本书中各种缩略的表达特别常见,在弗洛伊德的正式印行的书里便不见了。]

[30] [不过,在下面我们将发现对超我所做的一些讨论。]

[31] [在《精神分析导论讲演新篇》(1933a)第三十一讲中有更全面的说明。]

［32］［正如弗洛伊德在《超越快乐原则》(1920g,18,24页)和《自我与本我》(1923b,标准版,19,19)中以同等分量的说明所解释的那样,这一个方面就在于知觉系统中,无论在解剖学上,还是在弗洛伊德的元心理学上,它都被视为大脑皮质的。］

［33］［对这个问题所做的较长的技术性讨论,可参见《论无意识》(1915e,标准版,14,201)这篇元心理学论文的第七部分。］

［34］［在这里以及本段的其余部分使用的德文词是In-stinkt,而不是Trieb。］

［35］德国诗人希勒(Schiller)的诗《希腊的神祇》。

［36］［这一节中关于"古代遗产"的讨论是迄今为止弗洛伊德作品中最长的。心理结构各部分在心理生活中由遗传和经验所起的有关作用问题,当然是从最早期开始就一再讨论过的一个主题。但是,关于可能存在着实际的祖先经验的遗传这个独特的观点在弗洛伊德的作品中出现得较晚。在《图腾与塔布》(1912—1913)中必然要提出祖先经验的转化问题。在那本

书中弗洛伊德问道:"一代人为了将其心理状态传递给下一代,他们使用的方式和手段是什么呢?"(标准版,13)在这一段中他的回答是不明朗的,尽管他似乎认为:这个过程可以通过一代人和另一代人有意识地和无意识地交流来解释。但是,我们不难发现,即使那时在他的心目中仍然有其他一些想法。确实,"古代的体质是隔代遗传的痕迹",这种遗传的可能性在那本书中连同矛盾心理一起都已明晰地提到过(同上),而且还是在这同一方面,"古代的遗传"这个术语也在《本能及其变化》(1915c,标准版,14)中出现了。看起来,这些观念很可能是在对"狼人"进行分析时、特别是探讨"原始幻想"这一主题时突然产生的。这种分析实际上是弗洛伊德在撰写《图腾与塔布》时逐步发展的,该案例史的第一稿即写于1914年。但是,"种系发生的遗传"的可能性也和象征主义一起提出来的。这个问题在《精神分析导论讲演》第十讲(标准版,15)中做了略带引喻性的讨论,在第十三讲(同上)靠近开头处的一个句子中做了更明确的讨论。第一次明确地提到原始幻想的遗传似乎是在《精神分析导论讲演)第二十三讲中(1917,标准版,16),但是,在此后给"狼人"的案例史所补加的一段话中对此有了进一步的展开（标准版，17）。"古代遗产"这个术语实际上似乎是首次出现于1919年——在那一年给《梦的解析》（标准版，5）第七章（B）补加的一段话中，出现在《挨打的孩子》（同上，11）中，也出现在弗洛伊德为赖希（Reik）论宗教起源的书所写的序言中（同上，17）。此后这个概念和术语便经常出现，虽然只是在《自我与本我》第三章中才对这一主题做了详细讨论（同上，19）。[后来提到这个问题可在《可终结的分析与不可终结的分析》第六节（1937c）中找到。]欧内斯特·琼斯在论及弗洛伊德的生活第三卷第十章（1957）里讨论了弗洛伊德关于习得性特征的遗传的所有问题和观点。]

[37][弗洛伊德在《精神分析导论讲演》第二十四讲开头，用更长的篇幅说过类似的话（标准版，16，375）。]

[38]在古代，经常有一些侮辱性的表达。其中犹太人曾被攻击为麻疯病人[参见曼尼索的《埃及史》英文译本，1940，119]。当然，这种侮辱性表达带有心理投射的意味："他们不和我们接近，好像我们是麻疯病人似的。"

[39][弗洛伊德在《五个讲座》(1910a)的第三部分之前(标准版,11,38),就论及这一观点。他早就坚持多因性这一事实。比如参见他的《歇斯底里研究》(1895d,标准版,2.63)第四章第一节。]

[40]然而,我有必要提高警惕防止可能的误解。我的意思并不是说,由于这个世界极其复杂,以至于每种断言都必须指某种真理,并非如此。我们的思想保有创造的自由,它能够发现现实中的因果关系,也能创造出现实中没有的思维附属物和联想;很明显,它极其珍视这种才能,因为无论在科学领域内部还是外部,它都在尽其所能地大量运用这种才能。

[41][德文 der gross Mann 的意思既是指"伟人"也指"个子高的人"或者指"大人"。]

[42]参见弗雷泽(1911)的《金枝》。

[43][该理论曾一度认为,埃克赫那顿的母亲蒂耶(Tiye)女王的原籍在国外,她由于发现了她的父母在底比斯的墓地而被抛弃了。]

[44][这一节是独立地在《国际精神分析年鉴》《意象》杂

志第24期(1939),第6—9页上第一次出现的。对最后一稿的两次变动在以下做了注释。]

[45] [这三部悲剧的主题是阿伽门农被他的妻子克吕泰墨斯特拉谋杀,他们的儿子奥瑞斯忒斯替父报仇而杀死其母,他受到复仇女神的追捕,经雅典战神山法庭审判,宣判无罪。]

[46] [指在语言开始发展和母权制结束之间的那段时期。]

[47] [人们将会发现,这最后一段是很难翻译的。geist的意思不仅指"理智",而且也指"精神"和"灵魂";seele的意思则涵盖了"灵魂""精神"和"心灵"。]

[48] [据说他躲在棺材里逃生耶路撒冷,在罗马将军的准许之下,在耶路撒冷以西的海边小镇里开设了一座经学院,讲授《摩西五经》(公元70年)。]

[49] [在原版中写的是:"在文化意义上更为重要的选择。"]

[50] [heilig这个词在这里译作sacred(神圣的)或holy(神圣的),弗洛伊德在《"文明的"性道德与现代神经症》(1908d,

标准版,9,186—187)中对此做了稍有差异的讨论。在1897年5月31日弗洛伊德寄给弗利斯的一封信中,我们可以在一段题为"'神圣'的定义"的短小段落中发现这后一种论点的要旨。《文明及其不满》第七章,在"圣洁"这个意义上指现代人时,也出现了heilig这个词。目前这一主题的更广义的方面在同一章里也有一定探讨。]

[51]["对乱伦的恐惧"是《图腾与塔布》(1912—1913)中第一篇论文的主题。]

[52]["该受诅咒的对金钱的渴望"。古罗马诗人维吉尔(Virgil)的著作《埃涅伊德》(Aeneid),(6,816)。参见《一些原始词汇的反意》(1910e,标准版,11,159)。]

[53][这是对《浮士德》第一部分第四幕中摩菲斯特所说的一句嘲笑话中的暗指。]

[54][没有发现这里所指的来源。]

[55]这里,诗人歌德的话也许可以为我们作证,为了说明他的情感,他想象:爱情,我们在过去的生活中都经历过,你是我的妹妹或妻子。[参见《歌德全集》,魏玛版,4,97。]

[56][关于"危险情境",请参见《抑制、症状与焦虑》(1926d,标准版,20,164页以下)第九章中的附录二。]

[57][这个术语至少可追溯到弗洛伊德《再论防御性神经症》的论文(1896b,标准版,3,170)。]

[58][择一神教(henotheism):从众多神祇中特选一神来加以敬奉,但不否认其他神的存在。]

[59][《日常生活的精神病理学》(1901b)标准版,6,256,弗洛伊德以非常类似的术语表述了这最后一句话中的含义。在《格拉迪沃》(1907a,同上,9,80)也表述了类似的意思。在"某些神经症机制"(1922b,同上,直8,22页以下)一文的第二节对这个问题做了更深入的研究。但是,它的大体意思可以更进一步追溯到《再论防御性神经症》(1896b)的论文,(同上,3,183页以下),追溯到1897年1月24日和1896年1月1日给弗利斯的通信中的一些片断(弗洛伊德,1950a,书信第57号和德拉夫特的偏执狂那一节)。在这一节中所做的有关"历史的"和"物质的"真理的划分是较近期的事,在《一个幻觉的未来》(1927c,同上,21,44)中可能对此做过一点暗示,在《激情及其

控制》这篇论文(1932a,同上,22,191)中探讨神话时,则更明确地提到了它。但是,第一次明确地提到则是在《自传研究》的"跋"中(1935a,同上,20,72)。奇怪的是,提到这种观念时,弗洛伊德却说它早已呈现在世人面前了。尽管事实上直到《分析的结构》(1937d,267页以下)出版才被印发出来。这一主题在以上已涉及——可参见以上关于心理现实与外部现实之间的一种可能类似的划分。]

[60] [意即原始父亲的存在这一事实。]

图书在版编目(CIP)数据

摩西与一神教/(奥)弗洛伊德(Freud,S.)著;张敦福译.—北京:北京大学出版社,2015.7
ISBN 978-7-301-26020-3

Ⅰ.①摩… Ⅱ.①弗… ②张… Ⅲ.①基督教—研究 ②犹太教—研究 Ⅳ.①B978 ②B985

中国版本图书馆 CIP 数据核字(2015)第 147200 号

书　　　名	摩西与一神教
著作责任者	〔奥〕西格蒙德·弗洛伊德　著　张敦福　译
责任编辑	柯　恒　白　茹
标准书号	ISBN 978-7-301-26020-3
出版发行	北京大学出版社
地　　　址	北京市海淀区成府路 205 号　100871
网　　　址	http://www.pup.cn　http://www.yandayuanzhao.com
电子邮箱	编辑部 yandayuanzhao@pup.cn　总编室 zpup@pup.cn
新浪微博	@北京大学出版社　@北大出版社燕大元照法律图书
电　　　话	邮购部 010-62752015　发行部 010-62750672 编辑部 010-62117788
印　刷　者	北京中科印刷有限公司
经　销　者	新华书店 880 毫米×1230 毫米　32 开本　8.75 印张　103 千字 2015 年 7 月第 1 版　2024 年 9 月第 2 次印刷
定　　　价	49.00 元

未经许可,不得以任何方式复制或抄袭本书之部分或全部内容。
版权所有,侵权必究
举报电话:010-62752024　电子邮箱:fd@pup.cn
图书如有印装质量问题,请与出版部联系,电话:010-62756370